青芽和紫月两只精灵被精灵王抓走了，作文三人组决定去解救它们。他们在精灵隐士的帮助下，历尽艰辛，终于赶到了精灵王国……

著 者

毛小懋，儿童文学作家，儿童期刊执行主编。已出版《嘻哈别字岛》《时光男孩米小扬》《标点符号总动员》《最三国作文》等作品数十部，曾获桂冠童书奖。

绘 者

三羊，本名彭洋，英国爱丁堡艺术学院动画硕士。出版儿童绘本《兵马俑的秘密》《我走进了名画里》，版权输出到英国、新加坡、菲律宾；为《自控力童话》《辫子姐姐成长123》《小诗词》等系列童书创作插图；出版绘本日记《宝贝，当你在妈妈肚子里》。

Composition Fairies

作文精灵

精灵王的阴谋〈下〉

- 著 毛小懋
- 绘 三 羊

云南出版集团 YNK 云南科技出版社

·昆明·

主要出场角色

左小文

　　七星镇小学有名的调皮鬼，聪明机灵，但学习成绩一般，态度也不够积极。在写作方面，更是让老师头疼。后来，在青芽精灵的帮助下，他逐渐开窍，最终爱上写作文。

戴星儿

　　左小文的同桌，时而文静内敛，时而活泼开朗。她的写作水平在班里属于中等，作文中常有奇思妙想。认识紫月精灵后，她的写作水平飞快提升。

冯歌德

　　左小文的死党，知识渊博，是班里写作水平较高的几名同学之一。他的宠物黑豆精灵，不但没给他帮上什么忙，反而惹了不少麻烦。

青芽精灵

　　左小文的宠物，骑鲸而来，古灵精怪，有时胆大包天，有时胆小如鼠。因为偷窥过精灵岛上的秘籍，它掌握了大量作文技法。它的缺点是好为人师，而且讲话唠叨。

紫月精灵

戴星儿的宠物，从天而降，冰雪聪明，关键时刻总能奋不顾身。它和青芽精灵带着无数写作绝招，逃出精灵岛，来到七星镇。它讲起作文技巧，同样唠唠叨叨。

黑豆精灵

青芽精灵的伙伴，忠诚而憨厚，但经常惹是生非。它一直守候在精灵岛上，并在青芽和紫月陷入绝境时挺身而出。

精灵王

精灵岛的统治者，冷酷暴虐，令人望而生畏。因为青芽和紫月公然叛逃，它率领四大护法出海追捕。

精灵隐士

精灵王的同门师兄，被精灵王夺走王位后，隐居在无影城中。它一直关注着精灵岛上的一举一动，只要听到精灵们的召唤，它就会在月光中现身相救。

笨笨老师

七星镇小学的语文老师，精通作文技巧，讲课风趣，深受学生们的喜爱。他自称"笨笨老师"，其实大智若愚。据说，他与精灵王有千丝万缕的联系……

目录

第十六章

精灵王与四大护法

写出有趣的作文

左小文回到家的时候，太阳已经落下地平线。他径直走到自己的房间，朝书架上的纸盒用力一拍："小青，我回来了！"

没有任何回应，纸盒里异常安静。左小文很奇怪，把纸盒端下来一看，里面空荡荡的，青芽精灵居然不见了。

左小文不禁有些慌乱，转头看看四周，轻声呼唤道："小青，你在哪里？快给我出来，我讨厌玩捉迷藏！小青，小青……"因为着急，他的喊声越来越大。

妈妈从厨房里探出头来，奇怪地问："小文，你是在找白素贞的妹妹吗？"

"白……白素贞是谁？"左小文感到很纳闷。

"白素贞是一条修炼千年的白蛇精，她和许仙的爱情故事千古流传。"妈妈最大的爱好就是看老电视剧，说起剧情来自然滔滔不绝，"她的妹妹是一条青蛇精，大家都叫她小青……哎呀，丝瓜炒煳了！"妈妈惊叫一声，急忙缩回脑袋。

左小文无奈地耸耸肩，继续在房间里呼唤："白素贞……不，小青！快出来吧，我带你去吃你最爱吃的……咦，那是什么？"他俯身在角落里捡起一粒亮晶晶的东西，定睛一看，是青芽精灵的那颗水晶球。

很快，水晶球在左小文的手掌上亮起来，就像忽然间被唤醒的手机屏幕一样。

"小文先生！"紫月精灵的脸庞刚浮现出来，就火急火燎地问，"青芽在你身边吗？"

"我也在找它呢。"左小文不安地说，"今天我一回家，就发现它失踪了……"

"天哪！"紫月精灵捂着脸，一边哭泣一边叫道，"可怜的青芽肯定是被精灵王抓走了！我就知道，就算我们逃到天涯海角，可怕的精灵王也一定会找到我们的，呜呜呜！"

"不会吧？说不定小青只是溜出去玩了。"

"水晶球是青芽的护身宝器，它不可能到处乱丢的。就在十分钟前，我的水晶球忽然被点亮了，奇怪的是，青芽并没有现身。那个瞬间，我看见水晶球里有一道黑影一闪而过，我可以百分百肯定，那就是披着变色斗篷的精灵王……"

左小文倒抽一口凉气，听上去，精灵王简直像传说中的死神一样阴森可怕。他本想安慰一下紫月精灵，不料紫月精灵调节情绪的能力相当强大，它上一秒还哭得梨花带雨，下一秒就抬手擦擦眼泪，握着拳头坚定地说："就算精灵王再强大我也不害怕！我相信，我一定能把亲爱的青芽救出来！"

"好！"左小文压低嗓门喝彩。

紫月精灵身旁的戴星儿凑过脸来，担忧地说："问题是，精灵王可能会把小青带回精灵王国。你以前说过，精灵古堡戒备森严，要把小青救出来恐怕不太容易……"

　　紫月精灵笃定地摇摇头："精灵王不会把青芽带回去的，因为它还没有抓到我。如果我猜得不错的话，它肯定是想把青芽当作诱饵，引我上钩。"

　　"小紫，你真是冰雪聪明啊！"左小文夸奖道，"不过我觉得，既然已经看穿了精灵王的阴谋诡计，你就应该赶紧开溜，溜得越远越好，让精灵王抓不到你。"

　　紫月精灵揉揉眼睛，望着天空说："其实我知道，青芽之所以在被精灵王抓住的一瞬间点亮水晶球，就是想提醒我，让我尽快逃走。可是，青芽是我的好朋友，我不能把它丢下不管……呜呜呜，可怜的青芽，别害怕，我一定想办法把你救出来！"说着，它的眼泪又涌出来。

　　"好吧。要想救出小青，就必须先找到精灵王。"左小文问，"精灵王到底长什么样子？我还真想会会它。"

"说真的，我也不知道精灵王长什么样。它每一次出现在我们面前，都披着变色斗篷，脸上还戴着青铜面具。我只知道，它常常化身为一只黑色蝙蝠，在黑夜中暗暗飞翔。"

"啧啧，听着居然有点像蝙蝠侠，不会传播病毒吗？"

"精灵王估计还会带来它的四大护法，它们每一个都身怀绝技……"

"嘿，四大护法？是不是传说中的紫衫龙王、

白眉鹰王、金毛狮王和青翼蝠王？"

"当然不是。所谓四大护法，指的是四个保护作文秘籍里无上技法的精灵卫士。"紫月精灵压低嗓门说，"它们分别是赤焰精灵、黄梅精灵、绿冰精灵、蓝镜精灵。还有一个橙墨精灵，不过它向来是在精灵古堡里镇守本部的。"

戴星儿点点头："听上去都不是省油的灯。可是你们精灵不是都会变身吗？精灵王和它的四大护法来到七星镇，肯定会变成别的模样，你能识破它们的真身吗？"

"不能。那是蓝镜精灵独有的本事，因为它的脑门上有一面照妖镜。"

"那你怎么找精灵王？"

"我虽然不能识破精灵王的真身，但我们作文精灵的感应能力是很强大的。只要精灵王出现在方圆五百米之内，我就能感应到它……"

"那就好办了！"左小文站起身来，"走吧，我们现在就出门，去街上找找精灵王！"

"当然，感应是相互的。就是说，它们同样能感应到我。"

"别害怕，有我呢！精灵王敢抓你，我就敢跟它拼命。就算打不过精灵王，我也可以打电话报警，让警察叔叔收拾它……"

匆匆吃完晚饭，左小文和戴星儿、冯歌德在一条步行街上碰头。紫月精灵摇身变成一枚水晶发夹，躲到戴星儿的头发里，瞪着两只大眼睛，在街上无声地搜寻着。

"有没有感应到什么？"戴星儿问。

"没……没有。"紫月精灵闷声闷气地回答。很显然，它有些紧张。

左小文却非常轻松，他一边走，一边大声哼着他妈妈爱唱的一首歌："我要找到你，不管南北东西，感应会给我指引。若是抓住你，别问什么原因，第一眼就能够认出你！"

走到街角，紫月精灵深吸一口气，低声嘟囔："糟糕！我的法力好像在消失。"

戴星儿忙问："怎么回事？"

"一旦我心里过于紧张，法力就会退步，感应能力也会下降。"紫月精灵惶恐地说，"你们能不能讲几个有趣的故事给我听听？只要让我彻底放松下来，我的感应能力就会慢慢恢复。"

三个人想来想去，什么故事也没想出来。紫月精灵非常无奈："算了，还是发挥我的特长，给你们讲点作文技巧吧。你们想不出好玩的故事，自然就写不出好玩的作文。那么，你们知道怎样才能写出有趣的作文吗？"

"我知道！"戴星儿抢着说，"首先应当善于观察生活，积累一些有趣的写作素材。"

"没错。在我们的生活中，有趣的事情特别多，比如各种各样的糗事、傻事、荒唐事、奇闻异事，都可以拿过来写到作文里。你们好好想一想，最近有没有碰到什么有趣的事？"

"我倒想起一件事！"左小文笑嘻嘻地说，"昨天我听见邻班的两个男生在走廊里吵架，其中一个愤愤地说：'你脑袋有坑，坑里还有水，水里还有鱼……'"

戴星儿立刻打断他，摇着头说："你真无聊！"

　　"还是我讲一个吧。"冯歌德看到路旁有一条狗，忽然想起了什么，面带微笑说，"今天下午回家的时候，我一进电梯，就发现里面有只小狗。很快，电梯门关上了，里面只有我和它。它看看我，我看看它，突然我冒出来一句：'喂，你去几楼？'它连叫三声：'汪汪汪！'我明白了，于是帮它按亮三楼。

后来电梯门一开，它就猛地窜出去了。"

"哈哈哈！"戴星儿和紫月精灵不约而同地笑出声来。左小文耸耸肩："你们更无聊！"

紫月精灵继续往下讲："故事选好了，接下来就要把故事讲好。换句话说，要选择一个恰当的结构，把故事组织起来。一个优秀的故事结构，会让文章充满悬念，波澜起伏。"

冯歌德连连点头："说到波澜起伏的故事结构，就不能不提欧·亨利的短篇小说。比如《麦琪的礼物》和《最后一片叶子》，结构堪称经典……"

他们在大街上边走边聊，紫月精灵终于放松下来了。它眺望着远方，忽然间浑身一颤："咦，我好像感应到一股杀气……"

精灵文摘

　　要想写出有趣的作文，既要在选材方面下功夫，还要注意运用幽默的语言。用心观察身边的人和事，把你认为有意思的，都记录下来，变成写作时可以运用的素材。看看下面左小文收集的歇后语素材，你有没有更棒的补充呢？

歇后语

左小文的素材	我的素材
飞机上点灯——高明	
短柄的锄头——没把握	
神仙打嗝——不同凡响	
水仙不开花——装蒜	
山洞里雕花——深刻	
冰块掉进醋缸里——寒酸	
胸前挂钥匙——开心	
钢丝穿豆腐——别提了	
吃鱼不吐骨头——说话带着刺	
财神爷要饭——装穷	
抱着黄连敲门——苦到家了	
弄堂里搬木头——直来直去	
乌龟爬旗杆——想高升	
抱着香炉打喷嚏——碰一鼻子灰	
上梁请铁匠——找错人了	

打瞌睡碰上枕头——求之不得

九月里的甘蔗——甜到心

矮子骑大马——上下两难

猪八戒照镜子——里外不是人

地里的庄稼——土生土长

泥菩萨过河——自身难保

芝麻开花——节节高

乌龟打架——看看谁硬

竹篮子打水——一场空

饭桌上的抹布——尝尽了酸甜苦辣

虎口拔牙——胆子不小

两只羊羔打架——对头

哑巴吃黄连——有苦说不出

乌龟爬门槛——迟早要栽跟头

开水锅里洗澡——熟人

飞机上讲评书——空话连篇

丈二的和尚——摸不着头脑

孙大圣听了紧箍咒——头疼

门缝里看人——把人看扁了

高射炮打蚊子——大材小用

茶壶里煮饺子——心里有数

第十七章

香喷喷的
作文大阵

把握文章的详略

"杀气？"左小文惊呼，"难道精灵王就在附近？"

变成发夹的紫月精灵藏在戴星儿的头发里，就像风中的树叶一样颤抖："很有可能。"

戴星儿环顾四周，突然指着不远处的电线杆尖叫起来："你们快看！蹲在电线上的那团黑乎乎的东西会不会就是精灵王？它旁边还有四只麻雀，看上去真像四大护法。小紫说过，精灵王喜欢变成黑色的蝙蝠，带着四大护法到处跑……"

"那分明是一只挂在电线上的塑料袋。"冯歌德撇撇嘴，"戴星儿，看来你的近视眼越来越严重了。"

"说不定那只塑料袋就是精灵王变的呢。"戴星儿刚说完，一阵风吹过，把塑料袋刮跑了。电线上的四只麻雀受到惊吓，在暮色中一哄而散。

戴星儿松一口气，抬起手拍拍头上的发夹："小紫，别紧张，那不是精灵王。"

"精灵王明明就在附近，我怎么可能不紧张呢？"紫月精灵惶恐地说，"因为太紧张，我感觉我的法力又在渐渐消失。我还是继续给你们讲作文技巧吧。咳咳，要想写出一篇有趣的作文，不但要在选择素材和故事结构方面多下一点功夫，还要注意使用幽默的语言。比如一些夸张的、搞笑的、有个性的词句，以及俗语、谚语、歇后语、积极的网络流行语之类，都可以运用到作文中……"

"嘿嘿，说到俗语和网络流行语，我就想起了我妈和我爸的聊天记录。"左小文笑道。

"什么聊天记录？"冯歌德好奇地问。

"我妈和我爸是大学时的同学。我妈说，那时候我爸不但是个懒鬼，还是个超级自恋的家伙。我妈还说，她和我爸经常在自习时聊天，不过不是用嘴聊，而是用笔在纸上聊。我一开始不信，可是不久前我从我家的一口木箱里翻出一沓纸，看完第一页，我就彻底信了！后来我又看过无数遍，都快倒背如流了。"

"他俩在纸上聊的什么呀？"戴星儿忙问。

"哈，他俩的聊天记录简直就是一篇爆笑作文。"左小文说完，笑嘻嘻地回忆起来：

牛小花：“你为什么不学习？”

左大帅：“我今天什么也不想做，只想安安静静地帅上一天。”

牛小花：“你太懒了，难怪一事无成。”

左大帅：“你以为我不想成功吗？我现在就像一只趴在玻璃上的苍蝇，前途一片光明，却根本找不到出路。”

牛小花：“你闲着没事的时候，最好出去走走。俗话说，困难困难，困在家里万事难；出路出路，出去走走才有路。”

左大帅：“不想出去，我心里很烦。”

牛小花：“你有什么可烦的？”

左大帅：“唉，我年纪轻轻就要承受超凡的帅气带来的压力和烦恼，你不会懂的。”

牛小花：“帅有什么用？到头来还不是被卒吃掉？记住，人长得漂亮不如活得漂亮！”

左大帅：“说真的，除了帅之外，我

不知道我的人生还剩下什么。"

牛小花："哈，科学家真应该拿你的脸皮去研制防弹衣。"

左大帅："我的脸皮能做防弹衣吗？"

牛小花："当然，因为你的脸皮太厚了！"

左大帅："小花同学，我想说，如果我的人生是一部电视剧，那你就是弹出来的广告，因为我每次看到你，心里都会有一种添堵的感觉。"

牛小花："你瞧瞧你，整天就知道看电视，多读点书不行吗？读书多了，才能有思想。要知道，现在连猪都有思想了，你就没有一点危机意识吗？"

左大帅："猪当然有思想。不过，猪有猪的思想，人有人的思想。如果猪有人的思想，那它就不是猪了，是八戒！"

牛小花："真是不怕神一样的对手，就怕猪一样的队友呀！"

戴星儿听完，大笑起来："不得不说，你爸爸妈妈实在是太有意思了！"紫月精灵的情绪变化比三岁娃娃还快，刚才它还愁容满面，现在已经笑逐颜开。它接着往下讲："除此之外，对一篇幽默的作文来说，取一个有趣的标题也很重要。"

"没错！"冯歌德连连点头，"标题是相当关键的。我就特别擅长想作文题目，比如我写的作文《住在树上的小猪》《地球上最聪明的笨蛋》《我教"郭德纲"说相声》就得到过笨笨老师的多次夸奖，他说题目特别吸引人……"

"好强烈的杀气！"紫月精灵突然大叫一声，从戴星儿的头发里一跃而起，在空中变回原来的模样，瞪大眼睛望向路旁。

大家非常吃惊，纷纷顺着紫月精灵的目光望去。此时，步行街上的路灯已经亮起来，橘黄色的灯光照耀着路旁的一家家店铺。

"喂，小紫，你说精灵王会不会在那家坚果店里？"戴星儿指着摆在店门口琳琅满目的坚果，压低嗓门说，"说不定那些花生、核桃、板栗和杏仁

就是四大护法变的，而精灵王可能就是那颗最大的夏威夷果。"

"嘻嘻，我倒觉得精灵王不可能变成吃的，因为它不想被人类吃掉。"左小文说，"瞧，那里有一家服装店，它和四大护法或许变成衣服了。比如，四大护法变成皮夹克、牛仔裤、针织衫和连衣裙，精灵王比较有童心，所以可能变成一条给宝宝穿的开裆裤。"

"我认为，精灵王和四大护法会变成不同的东西，四下里寻找小紫。比如变成路灯罩上的甲壳虫、电线杆上的广告纸、挂在商店门口的一串风铃、路旁的一位老大爷拄的拐棍。"冯歌德认真地说，"至于精灵王，估计会变成从空中飞过的麻雀拉下来的一坨鸟粪吧……"

就在此时，对面的麻辣烫店里传出一阵吵闹声，只见四根麻辣烫从汤锅中飞出来，汁水淋漓地悬浮在半空中，如同一把打开的扇子。紧接着，门口的烤鱿鱼摊上飞起一串刚刚熟透的烤鱿鱼，像幽灵一样飘到紫月精灵面前，阴阳怪气地说："阿紫，好久不见。"

紫月精灵吓得魂飞魄散，但恐惧来得快，去得也快，眨眼间，它脸上就浮现起一层坚毅之色。它把眼睛瞪得像铜铃一样，张牙舞爪地喝道："可恶的精灵王，快把小青还给我！"

"你放心，阿青安然无恙。只要你乖乖地跟我回精灵岛，我肯定会让你们俩团聚的……给我滚开，臭狗！"那串烤鱿鱼的油汁不停地往下滴，一条流浪狗循味而来，仰头望着它，还眼馋地摇着脏兮兮的尾巴。

冯歌德嘿嘿一笑，转头对左小文说："你不是说精灵王不可能变成吃的吗？看来它也不像你想象的那么聪明嘛。"

左小文耸耸肩，走过去挡在紫月精灵面前，故作凶狠地咆哮道："精灵王，小青是我的好朋友，我命令你赶紧把它还给我！要不然，小心我把你撕成鱿鱼丝喂狗！"

那串烤鱿鱼怒火冲天，大喝一声："赤黄蓝绿，摆作文阵法！"

话音一落，不远处的四根麻辣烫立刻飞过来，在烤鱿鱼的身旁围成一个半圆，齐声问："大王，摆什么阵？"

"当然是详略大阵！"烤鱿鱼叫道，"有详有略，张弛有度，作文大阵才有无穷威力！"

四根麻辣烫一起点点头，异口同声地唱起歌来："*写作文，抓重点，不必事事都写全。事关中心详细写，无关紧要放一边。*"

三个人如临大敌，急忙把紫月精灵护在中心。紫月精灵低声说："它们唱的是精灵岛的作文歌诀。在我们精灵岛，每一种作文技法都有几句歌诀。一旦唱起歌诀，作文技法就会被唤醒。你们瞧，它们开始施法了。"

那串烤鱿鱼被四根麻辣烫围在中间，口中念念有词："*写作文必须做到详略得当。只有围绕中心安排详写和略写，叙事的中心才会突出。具体来讲，能直接表现中心思想的内容，必须详细地叙述和描写；那些虽然与表现中心思想有一定关系，但不是*

直接表现中心思想的内容，可以进行概括式叙述，简单地写写。"

　　四根麻辣烫不约而同地点着头，看上去有些搞笑。烤鱿鱼继续念道："你们可能会问，什么是文章的中心思想？很简单，中心思想就是作者要表达的贯穿全文的核心。一般来说，中心思想分为四种。赤黄蓝绿，你们来说一说。"

　　"第一种，表现社会或集体的精神、风尚或道德！"第一根麻辣烫是一串鱼丸。

　　"第二种，表明自己得到的教训或明白的道理！"第二根麻辣烫是一串香菇。

"第三种，*抒发感情或表明观点！*"第三根麻辣烫是一串毛肚。

　　"第四种，*表现人物的品质！*"第四根麻辣烫是一串豆腐皮。

　　烤鱿鱼高兴地叫道："大阵已成，例文出击！"说完，它猛地跃到半空中，用力一挥。

精灵文摘

精灵王摆详略大阵的时候说："写作文必须做到详略得当。只有围绕中心安排详写和略写，叙事的中心才会突出。"看看下面几篇选文，分析一下哪些内容是详写的，哪些内容是略写的。

只见李绮道："宝哥哥先钓罢。"说着水面上起了一个泡儿。探春道："不必尽着让了。你看那鱼都在三妹妹那边呢，还是三妹妹快着钓罢。"李绮笑着接了钓竿儿，果然沉下去就钓了一个。然后岫烟也钓着了一个，随将竿子仍旧递给探春，探春才递与宝玉。宝玉道："我是要做姜太公的。"便走下石矶，坐在池边钓起来。岂知那水里的鱼看见人影儿，都躲到别处去了。宝玉抡着钓竿等了半天，那钓丝儿动也不动。刚有一个鱼在水边吐沫，宝玉把竿子一幌又唬走了。急的宝玉道："我最是个性儿急的人，他偏性儿慢，这可怎么样呢。好鱼儿，快来罢！你也成全成全我呢。"说得四人都笑了。一言未了，只见钓丝微微一动。宝玉喜得满怀，用力往上一兜，把钓竿往石上一碰，折作两段，丝也振断了，钩子也不知往那里去了。众人越发笑起来。（曹雪芹《红楼梦》）

不必说碧绿的菜畦，光滑的石井栏，高大的皂荚树，紫红的桑椹；也不必说鸣蝉在树叶里长吟，肥胖的黄蜂伏在菜花上，轻捷的叫天子（云雀）忽然从草间直窜向云霄里去了。单是周围的短短的泥墙根一带，就有无限趣味。油蛉在这里低唱，蟋蟀们在这里弹琴。翻开断砖来，有时会遇见蜈蚣；还有斑蝥，倘若用手指按住它的脊梁，便会拍的一声，从后窍喷出一阵烟雾。何首乌藤和木莲藤缠络着，木莲有莲房一般的果实，何首乌有臃肿的根。有人说，何首乌根是有像人形的，吃了便可以成仙，我于是常常拔它起来，牵连不断地拔起来，也曾因此弄坏了泥墙，却从来没有见过有一块根像人样。如果不怕刺，还可以摘到覆盆子，像小珊瑚珠攒成的小球，又酸又甜，色味都比桑椹要好得远。（鲁迅《从百草园到三味书屋》）

以后，我们替他的孩子和太太买了一些廉价的布，等哑奴下工了，悄悄地塞给他，叫他快走，免得又要给主人骂。

过节时，我们送给他一麻袋的炭，又买了几斤肉给他。我总很羞愧这样施舍他，总是白天去，他不在家，我放在他帐篷外，就跑掉。哑奴的太太，是个和气的女人，她总是对我笑，身上包着我替她买的蓝布。

哑奴不是没有教养的沙哈拉威人，他没有东西回报我们，可是，他会悄悄地替我们补山羊踩坏了的天棚；夜间偷了水，来替我们洗车；刮大风了，他马上替我收衣服，再放在一个洗干净的袋子里，才拉起天棚的板，替我丢下来。（三毛《哑奴》）

他每天晚上听见父亲停止工作，回到卧室里去。有好几次，十二点钟一敲过，立刻听到椅子向后拖的声音，接着就是父亲轻轻回卧室去的脚步声。

一天晚上，叙利亚等父亲去睡了后，悄悄地穿好衣裳，走进父亲写字的房子里，把洋灯点着。案上摆着空白的纸条和杂志订户的名册，叙利亚就执了笔，仿着父亲的笔迹写起来，心里既欢喜又有些恐惧。写了一会儿，条子渐渐积多，放了笔把手搓一搓，提起精神再写。他一面动着笔微笑，一面又侧了耳听着动静，怕被父亲起来看见。写到一百六十张，算起来值两角钱了，方才停止，把笔放在原处，熄了灯，蹑手蹑脚地回到床上去。

第二天午餐时，父亲很是高兴，拍着叙利亚的肩说："喂！叙利亚！你父亲还没老哩！昨晚三小时里，工作要比平常多做了三分之一。"（[意大利]亚米契斯《少年笔耕》，夏丏尊译）

第十八章

写给精灵隐士的信

写信的技巧

在步行街上，精灵王变成的那串烤鱿鱼跃到空中，像魔棒一样猛地一挥。刹那间，无数的光点从竹签的顶端奔涌而出，如同成群结队的萤火虫，很快就占领天空。紧接着，每一粒光点都化作一个闪亮的文字，远远看去，一篇星光熠熠的作文已经出现在夜空中。

　　左小文和冯歌德仰着脑袋，惊讶地阅读起来：

追捕叛逃者

我是精灵王，精灵岛上的最高统治者。

在精灵王国的古堡中，珍藏着一部至高无上的作文秘籍，没有本王的允许，任何精灵都没有资格翻阅。然而有一天晚上，两个胆大包天的精灵竟然不顾禁令，擅闯古堡，还把秘籍翻出来，大肆窃读。

我得到消息，立刻命令所有的士兵行动起来，在全岛展开大搜查。很快，赤焰精灵向我报告，说青芽骑着蓝鲸，紫月乘着飞机，已经连夜逃走了。

大家知道，我生平最恨叛徒，所以我当场宣布："就算追到天涯海角，我也要把那两个不知好歹的东西抓回来！"

于是，我披上一件深紫色斗篷，率领着四大护法，迅速出海追捕青芽和紫月。四大护法变成四只轻捷的雨燕，而我化身一只凶猛的游隼，我们飞过大海，飞到海边的几座城市，每天像侦察机一样，在城市的上空不停地盘旋。可是，几天下来，我们连那两个叛徒的影子都没找到。

今天中午，当我们飞到七星镇上空的时候，我突然感应到一丝若有若无的精灵之气。

蓝镜精灵立即打开头上的镜子。它的镜子是一部超级雷达，一眨眼的工夫，它已经锁定目标，向我禀报："陛下，我探测到，青芽就在我们正下方的那栋楼房里。"

紧接着，蓝镜中浮现出一个在纸盒里睡大觉的身影，正是青芽精灵。

"非常好！"我扇扇翅膀，四大护法便随我俯冲下去，飞到那栋楼房的四层，然后变成五只蜜蜂，从虚掩的窗缝飞进去，来到房间的书架前。

青芽果然在书架上的纸盒里呼呼大

睡。我们变回原形，把纸盒围起来，黄梅精灵飞过去一拍它的脑门："小子，你被捕了！"

青芽迷迷糊糊地睁开眼睛，一看到我，吓得魂飞魄散，拔腿就跑。

我面带冷笑，一挥手中的魔杖，同时念动催眠咒。只听"咚"的一声，青芽从半空中掉下来，又在纸盒里睡着了。

"把它押走！"我挥挥手。

"遵命。"绿冰精灵把青芽拎起来，扛在肩上。

"紫月肯定也在七星镇上！"我一边朝窗外飞去，一边说，"咱们去街上埋伏起来，保证能抓到它！"

"大王英明！"四大护法齐声道。

我咬牙切齿地说："顺我者昌，逆我者亡！胆敢叛我者，虽远必诛！"

冯歌德认认真真地读完，小声点评道："确实是一篇不错的作文，该详写的地方详写，该略写的地方略写，有详有略，详略得当……"

　　戴星儿非常生气："大敌当前，你们居然还有心情看作文？"

　　紫月精灵却异常淡定，它抬头望望满天的文字，轻轻叹息一声，飞到戴星儿身边说："等我被抓走之后，你们就去找精灵隐士，它肯定有办法把我们救出来……"

　　"小紫！"戴星儿急切地说，"放心，你不会被抓走的，我们一定拼尽全力保护你！"

　　紫月精灵苦笑着摇摇头："除了精灵隐士，当今世上没有人破得了精灵王的作文大阵。你们可以给精灵隐士写一封求救信，请它出手相助……"

　　"精灵隐士住在哪里？它的收件地址是什么？"

　　"我只知道，精灵隐士住在月光深处的一座无影城里。深夜十二点，你们在月光中把寄给它的信烧成灰，它就会……糟糕，精灵王要发起攻击了！"

　　戴星儿大吃一惊，只见那串烤鱿鱼再次奋力一挥，空中的文字立刻化作无数闪着寒光的暗器，一眼望去，如同一场铺天盖地的蝗灾，朝他们疯狂地扑来。

他们虽然心中充满恐惧，但还是手牵着手，把紫月精灵牢牢地护在中央。然而，每一枚暗器都像一只小小的恶魔，呼啸着飞过来，拼命往他们身上钻。左小文觉得浑身一阵麻痒，忍不住惨叫起来。很快，他就眼前一黑，倒在地上昏过去了。

月亮爬上柳树梢的时候，左小文终于醒来了。精灵王和他的四大护法已经不见了，紫月精灵也失踪了，只有冯歌德和戴星儿躺在路旁的草丛里，似乎睡得正香。

左小文觉得自己浑身就像被马蜂蜇过一样，麻痒难忍，但身上的皮肤毫无异样。顾不上细想，他推醒冯歌德和戴星儿，大声叫道："不好了！小紫被精灵王抓走了！"

戴星儿爬起来，茫然地看看四周，嘟囔道："看来小紫说得没错，世上除了精灵隐士，没有人能够打败精灵王……"

"精灵隐士是谁？"左小文和冯歌德齐声问。

"可能是一位世外高人……不，我猜它不属于人类，应该也是精灵王国的一员，只不过隐居在无影城中。"戴星儿把紫月精灵说的告诉了两个好朋友。

冯歌德一跃而起，拍拍屁股笑着说："那还等什么？咱们快去给精灵隐士写信吧！如果你们不会写的话，我可以代劳！"

这时已经是晚上八点半，三个人约好一会儿见面的时间，然后分头回家。左小文一到家就躲进自己的房间里，一直等到十一点，妈妈的呼噜声响起来，他才打开家门，偷偷溜下楼去。

按照约定，他们在戴星儿家碰头。戴星儿家的大门外有一个广场，今夜月光如水，洒遍广场上的每一个角落。三个人在广场中央的凉亭里坐下来，左小文打开随身携带的手电筒，冯歌德拿出纸和笔，准备给精灵隐士写求救信。

"不好意思，我还真不知道求救信怎么写呢。"冯歌德趴在石桌前，尴尬地咬着笔头。

"我也不知道。"左小文挑挑眉毛，"从小到大，我连一个字的信都没写过。"

"你不是偷看过你爸妈写的情书吗？那些情书就是范文嘛！"戴星儿笑着说。

"拜托，看情书和写情书是两回事好不好？我喜欢看李小龙的功夫片，难道我就一定会功夫吗？我喜欢听郭德纲的相声，难道我就一定会说相声吗？"

"懒得理你！"戴星儿转过头，对冯歌德说，"其实，写信一点也不难。昨天紫月精灵教过我一首关于写信的歌诀，我念给你们听听吧。书信格式须牢记，称呼顶格排第一。空格写出问候语，信中正文要详细。最后写上祝福语，右下落款署日期。"

"其实不用你说，我也知道书信的格式。"冯歌德眉头微皱，若有所思地说，"说起来，写信无非是要注意三点。第一，格式正确，层次清晰。第二，语句通顺，叙述生动。第三，言之有物，情真意切。我发愁的是不知道如何向精灵隐士求救，毕竟我们对它一无所知。"

"那有什么可发愁的？"左小文撇撇嘴，"你就直接说，青芽和紫月被精灵王抓走了，请它速来救命！"

"你开什么玩笑？精灵隐士是绝世高手，给高手写信，必须讲究技巧。不但要有文采，要充满深情，而且要套近乎，要会拍马屁，要在不经意间提出要求……"冯歌德说着，一拍脑门，"嘿嘿，我想到了！"

他摆开架势，飞快地写起来：

尊敬的精灵隐士：

您好！

今夜月白风清。每一道皎洁的月光，都会让我想起您。

是的，我常常想起您。我登上祁连山，就想起您高大的身影；我畅游洞庭湖，就想起您似水的柔情；我走进快餐店，就想起您吃过的馅饼；我遥望启明星，就想起您伟大的心灵。

几百年来，您虽然不在江湖，但江湖上到处都有您的传说。大家都说，您虽然已经离开精灵王国，但您永远都是我们的大哥……

　　对了，顺便说一句，青芽精灵和紫月精灵被精灵王抓走了，不知道您可不可以帮个忙，救它们出来？

　　祝您

　　年年有余，岁岁平安，福如东海，寿比南山！

歌儿组合
即日

　　"啧啧，东拉西扯，全是废话，最重要的内容却一带而过。"戴星儿读完，摇头叹气。

　　"说得没错！不知道的还以为歌德是在写情书呢。"左小文哈哈一笑，接着问道，"落款的'歌儿'是什么意思？"

　　"'歌儿'是我们组合的简称。'歌'指的是我冯歌德，'儿'指的自然是戴星儿。"冯歌德笑眯眯地解释道。

"啊？为什么里边没有我？"左小文眼睛一瞪。

"咳咳，因为'歌儿'两个字听起来最顺耳，变成三个字就太别扭了。"

"可恶的家伙！我强烈要求把你的名字涂掉，把我的名字放进去，变成'小儿'组合！"

"都别吵了！"戴星儿抬起手腕看看表，"已经快十二点了，咱们赶紧把求救信烧掉吧！"

"烧掉？难道精灵隐士是死人吗？我只听说过给死人烧东西……"左小文低声嘟囔。

"唉，你废话可真多！"戴星儿拿起那封信，把它小心翼翼地放在午夜的月光中，然后划着一根火柴。眨眼间，火苗就把信吞噬了，地上只留下一堆冒着青烟的灰烬。（危险行为，请勿模仿。）

魔法练习册

　　书信的格式是固定的。紫月精灵的写信歌诀，你记住了吗？试着再记一遍，然后，选一位你最想倾诉的对象，给他（她）写一封信，告诉这个人你最想对他（她）说的话。

第十九章

戴星儿的作家梦

坚持写日记

夜深人静，月华如水。三个人在广场上围成一圈，低头望着那堆灰烬，默默地等待着。可是他们左等右等，都快等得睡着了，精灵隐士仍然没有出现。

"小紫不会是骗咱们的吧？"左小文小声咕哝，"说不定精灵隐士真是死人呢。"

"不知道就别瞎说！在那样的生死关头，小紫为什么要骗咱们？"戴星儿皱着眉头说，"我相信小紫说的每一个字，因为它是我最好的朋友！"

"当然，也有可能是你听错了。"冯歌德说。

"我的耳朵是全校最灵的，你们又不是不知道。不过，当时情势比较紧急，精灵王突然发起攻击，小紫的话还没来得及说完……"

"难怪呢！"在旁边踱步的左小文大叫道，"后面肯定还有别的步骤，咱们不知道，当然召唤不来精灵隐士了。唉，看来白忙活了，咱们还是各回各家各找各妈吧！"

戴星儿也有些沮丧，却又觉得不能贸然走开。她在凉亭里坐下来，望着夜空中的月亮，忽然说："喂，冯歌德，能不能借你的笔用用？"

冯歌德掏出钢笔递给她："莫非你想重新写一封信，再烧一次？"

　　戴星儿摇摇头，随手从怀里摸出一个小本子，摆在桌上："我想把今天的日记写一下。"

　　"写日记？"左小文和冯歌德齐声问，"三更半

夜的，你写哪门子的日记啊？"

"反正咱们还要等上一阵子，倒不如把时间利用起来。你们可能不知道，我有写日记的好习惯。"戴星儿打开左小文的手电筒，放在旁边照着，一边在日记本上写字一边说，"笨笨老师曾经说过，写日记是提高写作水平的好方法。所以，我一直强迫自己每天写一篇日记。到现在为止，我已经写完七本日记了，每一本都装满生活中的点点滴滴。"

"嘿，真瞧不出来，你还挺有毅力的。"左小文钦佩地说。

"因为我的梦想是当一名作家。据我所知，很多作家的创作之路都是从写日记开始的，比如托尔斯泰、卡夫卡、鲁迅、钱锺书。我认识一个名叫毛小懋的童话作家，他从初中开始每天写日记，一直坚持到现在。毛小懋亲口告诉过我，他之所以坚持写日记，是因为当年读到台湾诗人痖弦的一篇文章。痖弦说，一个人只要能坚持写上二十年日记，就算不以作家为职业，他的水平也足够当作家了。毛小懋深信不疑，就开始坚持不懈地写日记。果不其然，在写到第十三年的时候，他的第一本书出版了。而今年，刚好是他写日记的第二十个年头，他已经陆续出版过十几本书，成为一名真正的作家了。"

"看来，写日记是当作家的必修课啊！"左小文笑着问，"戴星儿，你写几年了？"

"再过两个月，我就写满一年半了。"戴星儿踌躇满志地说，"就是说，只要再坚持写上十一年半，我也能出版自己的书了，到时候我会免费给你们签名送书的！"

冯歌德坐在旁边的石凳上，双手托着腮帮子说："日记分三种类型：生活日记、观察日记和随感日记。顾名思义，生活日记侧重于记录生活中的经历和见闻，观察日记强调的是观察世间万物和人生百态，而随感日记的重点是记录内心感受，比如读后感、观后感和生活感悟。戴星儿，你写的主要是哪一种类型？"

"我写的日记形式多种多样，既有叙事，也有议论，还有写景，甚至有抒情。内容也是五花八门，从左小文的大书包到紫月精灵的水晶球，从同学们的课堂趣事到笨笨老师的爱情故事，可以说无所不包……"

"嘿嘿，我倒真想看看我在你的日记里是什么样子。"左小文努力伸长脖子，朝戴星儿的日记本上看去。

"别急，我很快就写完了。"戴星儿伏在石桌上，健笔如飞。

"话说回来，其实我也特别想写日记，可是每次打开日记本，我都觉得脑子里空空的，一个字也想不出来。"左小文挠挠头，"戴星儿，你有没有写日记的绝招？能不能教教我？"

"绝招没有，经验倒是有一些。在我看来，不管是谁，只要能每天做到三个字，就一定可以写出非常棒的日记。"

"是吗？快说来听听！"

"第一个字是勤。简单来说，就是勤于观察，善于记录，持之以恒，养成写作的习惯。虽然我们的生活中很少有大事发生，但每天都会发生各种各样的小事，只要有一双善于观察的眼睛，就会发现值得一写的东西是非常多的。第二个字是思。每天开动脑筋，多多思考。只要把思路打开，随时展开联想，你的视野一定会豁然开朗。”

左小文抠着鼻孔说："听上去有点道理，可是我一点也勤不起来，怎么办？"

"凉拌！"戴星儿没好气地继续讲，"第三个字是真。真实是日记的本色，所以要在日记里忠实记录身边的事，写出自己的真情实感，切忌弄虚作假。好了，经验分享完了，我今天的日记也写完了。"说着，她合上日记本，把钢笔还给冯歌德。

左小文眼疾手快，一把夺过她的本子和手电筒，躲到一旁飞快地翻阅着："哈哈，真有一篇日记是写我的。"他大声朗读起来：

6月13日　星期三　晴

今天早晨，我们全班同学排着队去镇上的医院体检。等待抽血的时候，大家都很紧张，左小文却像猴子一样，在人群里钻来钻去，闹得鸡飞狗跳。

后来，护士端着托盘远远地走来，左小文立刻扯开嗓子大叫："大家快看，吸血的阿姨来了！"护士苦笑着说："拜托，我是抽血，不是吸血！"

　　从医院走回学校的路上，有一片美丽的田野，到处长满蒲公英。我们几个女生跑过去，摘来几朵蒲公英吹着玩，你给我吹过来，我给她吹过去，就比谁吹得远。左小文说："你们吹得太可笑了！瞧我的吧，我肯定比你们吹得远！"

　　要吹蒲公英就得先吸气，左小文站在那里，猛吸一口气。没想到他吸得太用力，直接把蒲公英吸到嘴里去了。

　　女生们一看，纷纷大笑起来，我笑得最厉害，都直不起腰了。左小文朝我翻个白眼："就知道幸灾乐祸，亏你还是我同桌呢！"

　　回到教室，我拿出一盒夹心饼干，推

到左小文的面前说："别生气了，我请你吃饼干。"左小文把头扭到一旁,冷冷地说："我不吃！"

虽然他的样子挺酷的，可是我清楚地看见，他一张嘴，一大摊口水就掉到桌子上了。

左小文一口气读完，不悦地嘟囔道："原来我在你的日记里就是一个笑话啊！"

"你不是笑话，你是我们的活宝。"戴星儿笑眯眯地说。

"说得高级一点，你就是大家心目中的谐星！"冯歌德坏笑着补充道。

他们笑闹着，把营救精灵的事情忘得一干二净。

就在此时，不远处的广场上忽然响起一阵脚步声，三个人急忙抬头望去，只见一个高大的身影从一片树荫里缓缓飘出，踩着满地的月光朝他们走来。

"乖乖，精灵隐士终于来了。"左小文低声说，

"戴星儿，你不是说它是精灵吗？为什么看上去是人类的模样？"

"精灵可以千变万化，变成人形有什么奇怪的？"

"说得也是。"

很快，那个人越走越近，突然大叫一声："你们是干啥的？"嗓音像破锣声一样刺耳。

"我觉得不像。"冯歌德说，"精灵隐士就算要变人，也不会变成一个保安吧？"

"保安？"戴星儿伸手推推眼镜，"咦，还真像我们社区的保安！俗话说，大隐隐于市。精灵隐士真不愧是绝世高手，居然变成一个保安，在我们的身边隐居修行……"

"什么乱七八糟的，他一看就是一个货真价实的保安！"冯歌德忍不住大叫道。

"喂，你们几个小屁孩居然歧视我的职业！"那个保安生气地冲上前来，看到戴星儿，立刻咧嘴一笑，"我当是谁呢，原来是老戴家的闺女呀，你爸爸还好吗？大半夜的，你怎么还不回家睡觉呀？"

"叔叔好！我……我们在等着看流星雨呢。"戴星儿挠挠头，甜甜地一笑。

"今天晚上有流星雨吗？"

"是的，据说是狮子座流星暴雨。您要陪我们一起看吗？"

"叔叔还要值班，想看也看不成呀。你们看吧，看完早点回家睡觉。"保安说完，转身走开，很快就消失在苍茫的月色中。

戴星儿无奈地说："看来，他确实不是精灵隐士。"

她低头看看地上的那堆灰烬，感到有些郁闷，于是抬脚踢去。只听"噗"的一声，就在纸灰飞舞的同时，似乎有一件东西被她踢飞了。

"咦，那是什么？"左小文跑过去，捡起来一看，竟然是一支通体透亮的鹅毛笔。

作家秘籍

写日记，可以说是作家的必修课。大部分作家，都曾通过写日记来磨炼自己的文笔。正是一篇篇日记，为他们铺好了通往梦想的道路。一起来看看作家们写日记的故事吧！

大作家日记本里的秘密

鲁迅先生认为，写日记分为两派。第一派，就是写给自己看的。事实上，大多数人写的日记正是如此。

比如鲁迅先生自己，就坚持写了几十年日记。甚至在去世的前几天，他都不忘写日记。不过，因为事务繁忙，他的日记往往比较简洁，如同备忘录。而且，因为内容过于简单，还给世人留下了许多难解的谜团。

再比如俄国文学大师托尔斯泰，一生坚持写了51年日记。尤其难能可贵的是，他自始至终都在日记里说真话，表达真实的自己。

因为写日记，托尔斯泰和他的妻子索菲亚之间还闹出了无数的矛盾。为了不让妻子看他的日记，他甚至把日记本藏到靴子里，可最后还是被妻子翻出来了。索菲亚还想看他其余的日记，托尔斯泰坚决不给，因为他知道，一旦把日记交出去，他就不能在日记里说真话了。无奈之下，他只能把自己最后十年的日记本存进了银行。

当索菲亚又一次哭闹的时候，托尔斯泰大喊："我把我所有的财产和作品都交了出来，只把日记留给自己，如果你还要折磨我，我就离家出走！"

后来，一个深秋的夜晚，82岁的托尔斯泰真的离家出走了。十天后，他病死在一个荒凉的小车站里。

把日记写成传世佳作

鲁迅先生说的另一派，就是把日记写给别人看的，换句话说，就是当成著作来写的。

比如明代旅行家徐霞客，他花了三十多年的时间游遍天下，写下了六十多万字的日记，那就是在地理学和文学史上有名的

《徐霞客游记》。

尤其令人惊叹的是科学家竺可桢的日记。竺可桢在哈佛大学读书期间，就养成了记日记的习惯。作为我国著名的地理学家和气象学家，他用一生的时间写下1300多万字的日记，涉及的领域之广，记录的人物之多，令人叹为观止。可以说，竺可桢不但在日记本里记下了生活中的一切，而且为世人留下了一份极为珍贵的史料。

古今中外的名人日记浩如烟海，无数的文学大师都是从一篇篇日记里走出来的。写日记不但能磨炼文笔，还能培养毅力。只要你把日记坚持写下去，就算将来成不了作家，也一定会成为一个非常了不起的人。

关于写日记的名人名言

日记是写给自己看的，只要把自己对一切事物的真情实感自由畅快地写下去，留下心泉流过的痕迹，就好。（冰心）

坚持写日记可以培养一个人的真诚感。（季羡林）

教小学生作文，只须教日记。日记是写好作文的基础。（林语堂）

写日记时，应努力学习文学作品的表现手法，力争语言的精美。（汪曾祺）

日记，是向自己讲述故事的忠实伙伴；日记，是催人反省的香醇美酒。（金波）

日记就仿佛是一个只有你掌握着门锁钥匙的老房子，你随时随地都可以走进其中。关上门后，你可以在里面放肆地大笑或者痛哭失声，那屋子的陈设和窗上的天光都是你自己的，不必担心它们会嘲笑你。（迟子建）

第二十章

打开
时空之门

写好看图作文

大家一看，无不惊讶万分，因为那支鹅毛笔实在太奇特了。它的鹅毛就像雪花一样白，笔杆却像月光一样，完全是透明的。

　　左小文放在手上轻轻一掂，忍不住瞪大眼睛："我的天，它居然比鹅毛还要轻，我几乎感觉不到它的重量！"

话音刚落，只见鹅毛笔从左小文的手上一跃而起，在空中飞快地写出一行雪亮的文字："虽然我的身体轻于鸿毛，但是我的思想重于泰山。"

　　"哇！"三个人齐声惊叫，"原来精灵隐士是一支鹅毛笔！"

　　"严格来讲，我并不是精灵隐士，而是精灵隐士的仆人。只要把我放在月光之下，你们对我说的每一句话，都会传入远在无影城中的主人耳朵里。"鹅毛笔慢慢地写道，"主人一直关注着青芽和紫月的命运，它会通过我与你们交流的。"

戴星儿非常兴奋："太好了！有精灵隐士帮忙，青芽和紫月肯定有救了！"

左小文仰头望着鹅毛笔，大声问："鹅毛笔……先生，精灵王跑到哪里去了？它是不是已经把青芽和紫月带回精灵岛了？"

"你说对了。你们要想把它们救回来，必须亲自去一趟精灵岛。"鹅毛笔写得龙飞凤舞。

"青芽曾经告诉过我，精灵岛在遥远的大海深处。可我们既不会飞行，也不会骑蓝鲸，更没有私人游艇，去精灵岛恐怕不太容易吧？"

"别担心，我万能的主人肯定有办法。在精灵岛上，有两件可以穿越时空的法宝，名叫时光之翼。只要拥有一件，就能在任何地方打开时空之门，立刻穿越回精灵岛。精灵王作为精灵岛的统治者，其中的一件自然是属于它的。而另一件时光之翼，就在我家主人手中。"

"精灵隐士果然是世外高人啊!"三个人欢呼起来,"看来我们要穿越时空了!"

"你们可别高兴得太早了。"鹅毛笔继续写道,"时光之翼是精灵岛的至宝,我家主人是不会随便交给人类的。你们如果想借用,就必须通过主人的考验。"

"什么考验?"

"很简单,明天晚上我家主人会给你们出一道题,让你们根据一幅画当场写三篇作文。只要作文能入主人的法眼,主人就会把时光之翼借给你们。"

"我还以为是什么考验呢,原来是看图作文!"冯歌德一副胸有成竹的样子。

"但愿你们不会令我家主人失望。"鹅毛笔写完,在半空中一个鹞子翻身,落回左小文的手心里。很快,它身上的光亮就暗淡下来,看上去跟普通的鹅毛笔没有什么两样。

夜空中的文字渐渐消散,只有皎洁的月光,仍然笼罩着午夜的七星镇。

三个人的眼皮都已经睁不开了,于是分头回家睡觉。第二天，他们照常去上学。下午的作文课上，笨笨老师走进教室，大声说："今天咱们讲一讲看图作文！"说完，他朝左小文的方向看过来，嘴角挂着一抹若有若无的微笑。

"真古怪。"左小文低声咕哝。

"有什么古怪的？"戴星儿随口问。

"昨天晚上精灵隐士说要用看图作文来考验咱们，今天笨笨老师就给咱们讲看图作文，你不觉得古怪吗？更古怪的是，笨笨老师看咱们的眼神明显不怀好意。"

"我不觉得笨笨老师的眼神不怀好意，不过确实有些意味深长。至于讲看图作文，可能只是巧合吧。"

"我看电影从来不相信巧合。"左小文严肃地说，"我总觉得，所有的巧合都可能是蓄谋已久的。至于笨笨老师，说不定他与精灵岛有千丝万缕的联系……"

讲台上，笨笨老师正在唾沫横飞地讲着："看图作文，顾名思义，就是根据图画的内容或意思来写作文，它是一种比较简单的作文形式。看图作文的第一步当然是看图。看图必须认真观察，既要抓住图中的重点，也要注意那些容易被忽视的地方。"

同学们纷纷低下头去，在本子上记录着。

"在看图的同时，还要开动脑筋，思考一些问题。比如，想一想图画讲的是什么内容、图中的人物或事物之间有什么关系。接下来，就要从眼前的事物出发，去想象我们所看不到的人物和故事。一定要记住，就算想象再天马行空，构思的故事也必须合情合理。"

笨笨老师停顿片刻，接着讲起写作文的过程，左小文昨晚没有睡好，迷迷糊糊地听着："写作文时，要充分运用各种描写技巧，采取动静结合的表现手法。既要把静态的事物描绘出来，也要加上一些动态的细节，以静写动，以动衬静……"

左小文越听越瞌睡，索性趴在桌上呼呼大睡起来。笨笨老师讲得太投入，也没发现左小文上课违纪睡觉。

晚上十点钟，三个人在左小文家碰头。左小文的卧室里有一个小阳台，溶溶的月光透过打开的窗户照进来，显得异常静谧。他们在房间里坐成一圈，小心翼翼地取出那支鹅毛笔，放在月光中。

左小文清清喉咙说："鹅毛笔先生，请给我们出题吧！"

话音一落，鹅毛笔的笔杆就像通上电一样，瞬间被月光点亮了。它跃到半空中，以极快的速度画出一条不太直的横线，然后悬浮在一旁，似乎沉思起来。

三个人瞪大眼睛，耐心地等待着，鹅毛笔却像是睡熟了，停在那里一动不动。

"笔先生，快醒一醒。"冯歌德拍拍它，"画完再睡行不行？"

鹅毛笔立刻飞起来，在空中写出一行亮晶晶的字："我早就画完了。"

冯歌德一愣："你不是说让我们根据一幅画来写作文吗？难不成你画的就是一条线？"

"我家主人说过，大道至简，所以它选择一幅世界上最简单的画来考验你们。"鹅毛笔写的字如行云流水，在空中挥洒自如，"现在是十点一刻，主人要求你们在十二点前把三篇作文写出来。时间紧迫，赶紧开始构思吧！"

三个人一听，立刻打起精神，仰头盯着空中的那条横线，努力思索起来。冯歌德的写作功底最扎实，灵感来得也快，一眨眼，他就构思好了，抓起鹅毛笔在空中写起来：

人生的起跑线

有一句话，爸爸经常挂在嘴边，几乎成了他的口头禅："不要输在人生的起跑线上。"

为了不让我输在起跑线上，爸爸每天晚上都会不停地督促我写作业，不写完不准睡觉；为了不让我输在起跑线上，爸爸每隔几天就会把一些习题集摆在我面前，我常常要做到晚上十一点；为了不让我输在起跑线上，一到周末，爸爸就要带我去上各种各样的补习班，往往到深夜才能回家……

我承认，爸爸的做法很成功，我掌握的知识越来越多，在班里的名次也越排越高，可是我常常感到很疲劳，心中的快乐似乎越来越少。

爸爸，作为孩子，我知道我不能输在起跑线上。但是我觉得，起跑线上的竞赛并不只有知识的比拼，还有体格、心理、品德、视野的全方位较量，因为未来社会需要的是全面发展的复合型人才。

对我们来说，一个完整的童年不能只有写不完的作业和上不完的补习班，还应该有爸爸妈妈的陪伴、无忧无虑的玩耍、增长见闻的阅读与旅行，当然，还要有大大小小的、天真而不失认真的光荣与梦想。

爸爸，人生的起跑线只有一条，但童年也只有一个，希望您能让我的童年多一

些欢笑，少一些负担。我相信，带着快乐
从童年起跑的孩子，一定会比别人跑得更
远，更轻松。

　　冯歌德写完，随手把鹅毛笔递给戴星儿："喏，
该你了。"

　　戴星儿仰望着夜空，深吸一口气，慢悠悠地写
起来：

地平线上的白桦林

　　在遥远的西伯利亚，有一个美丽的小
村庄。村里住着一个白发苍苍的阿婆。那
个阿婆很奇怪，每天天不亮就坐在村口的
大石头上，呆呆地望着远方的地平线，常
常不吃不喝，不言不语，一直到天黑。

　　在地平线上，有一片美丽的白桦林，
每一棵挺直的白桦树都像一位年轻的哨

兵，忠诚地守卫着家园。阿婆每次看到白桦林，就像望见从远方归来的孩子一样，目光中充满着温柔和慈爱。

但在每一个失望而归的傍晚，写在阿婆眼睛里的，都是满满的绝望。

村里人都说，战争是世界上最可怕的东西，就是它，把阿婆的心彻底撕碎了。

十几年前，战火烧到她的祖国的边境，阿婆的儿子立刻报名参军，奔赴战场。他作战勇敢，是部队里有名的英雄。然而，就在战争快要取得胜利的时候，他牺牲的消息突然传来。

阿婆是个固执的人，她不相信儿子牺牲了。从那以后，她就起早贪黑地守在村口，等待儿子归来，一等就是十几个春秋。

听人说，每年春天，阿婆都会走进地平线上的林子，轻轻拍打着每一棵刚刚苏醒过来的白桦树。因为许多年前的那个春天，她就是在白桦树下把儿子送往边疆的。

后来，一个飘满雪的冬天，阿婆的身影忽然从村口消失了。全村人都十分奇怪，把方圆几十里找遍了，也没有找到她的踪迹。直到现在，仍然没有人知道阿婆去哪里了。有人说，或许，阿婆已经与她的儿子团聚了……

转眼间，几十年过去了。去年春天，一名记者专门去过一趟老人的村庄。

走在那片白桦林中，记者的耳机里响起的是朴树的《白桦林》："雪依然在下，那村庄依然安详，年轻的人们，消逝在白桦林……"

望着远方的地平线，记者忽然眼角一酸，一颗眼泪无声地滑落下来。

戴星儿一笔一画地写完，抬起手腕看看表，已经是十一点半了。

左小文早就等不及了，一把夺过鹅毛笔，摆开架势，胸有成竹地写起来：

魔鬼大战卷毛

从前，有一个年轻的裁缝，他在自家院子里挖出一个贴着封印的瓶子。带着好奇，裁缝把封印揭开了。于是，一股青烟从瓶中冒出来，眨眼间变成一个魔鬼。

魔鬼是无所不能的，它很快就让裁缝实现自己的梦想，成为公主的丈夫，从此过上幸福的生活。然而，魔鬼曾经说过，如果有一天裁缝再也找不到事情让它去做，它就要拧断他的脖子。终于有一天，裁缝无奈地说："我再也想不出能让你做的事了，你走吧。"

魔鬼当然不肯走，它要拧断裁缝的脖子。裁缝长叹一声，请求魔鬼让他在临死前见一见自己的妻子，魔鬼答应了。

公主听说了，忍不住笑起来。她随手拔下自己的一根卷发，递到魔鬼的手掌上："请你把我的头发捋直吧，魔鬼先生。"

魔鬼觉得很好笑，不过还是将头发抓起来，想把它扯直。万万没想到，魔鬼扯来扯去，那根头发却越卷越厉害。它急得抓耳挠腮，可惜毫无办法。

冯歌德和戴星儿越看越不对劲，异口同声地说："不是让你写看图作文吗？你复述民间故事干什么？"

左小文擦擦汗："复述民间故事不行吗？"

"当然不行！你会不会写作文啊？"戴星儿焦急万分，"糟糕，只剩下十分钟了！"

左小文望着空中的文字，使劲挠挠满头的乱发，忽然间灵机一动："有了！"他立刻提起鹅毛笔，急匆匆地写起来：

就在魔鬼一筹莫展的时候，它脑中突然灵光一闪，忍不住大叫："我有办法了！"

魔鬼随手抓起一块石头，念动咒语："变！"石头立刻变成一台吹风机。

它一边用吹风机吹那根头发，一边大声念起广告词："负离子吹风机，智能温控不伤发，减少毛糙，恢复光泽，让你的秀发从此平顺柔滑，一梳到底！"

冯歌德和戴星儿看完，直接昏倒在地。

就在此时，十二点的钟声敲响了。那支鹅毛笔从左小文的手里飞出来，飘浮到半空中，慢吞吞地写起字来："可以说，三位同学的作文都比较

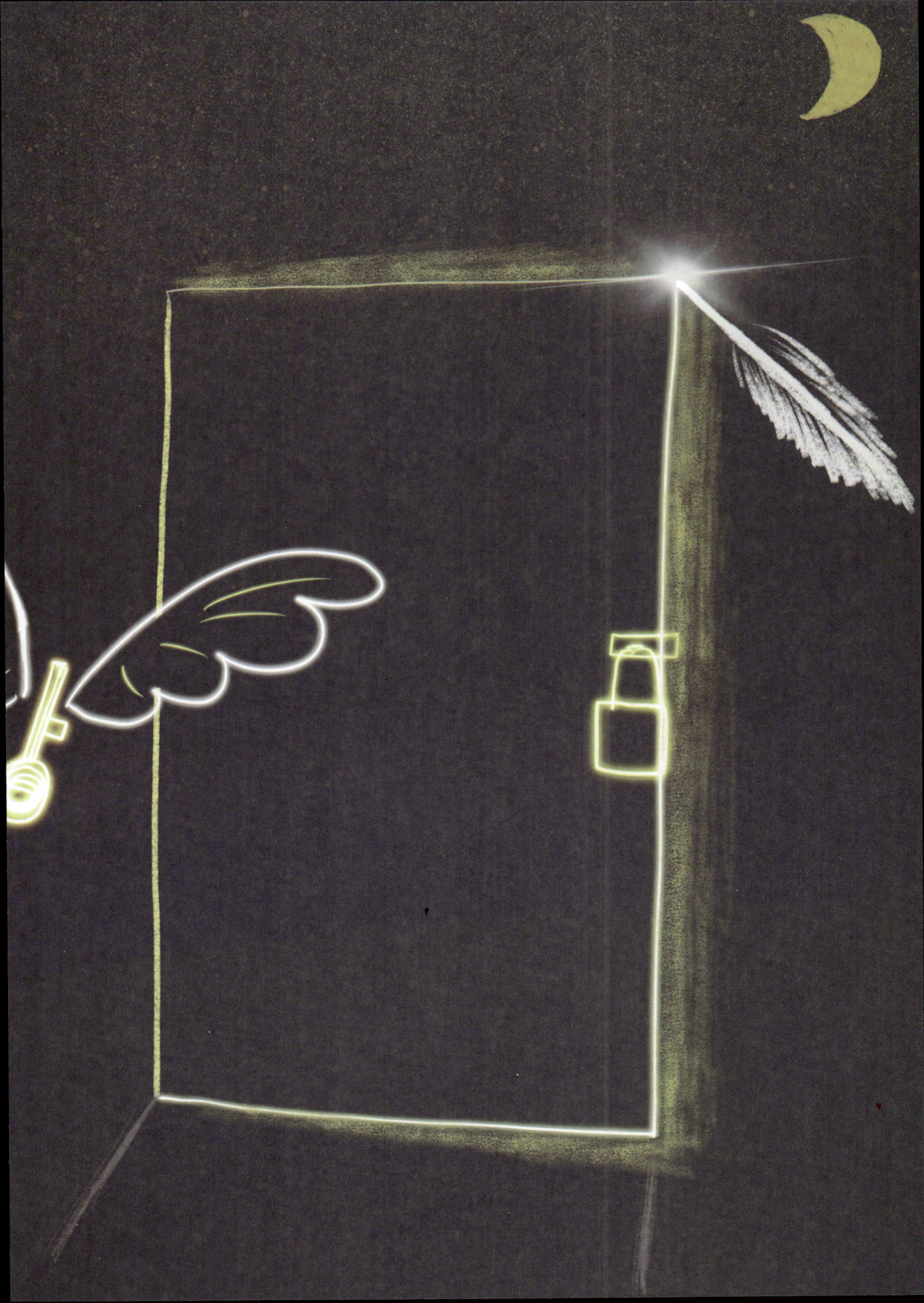

符合主人的要求。冯歌德同学把空中的横线看作人生起跑线，别出心裁，尤其难能可贵的是，他在作文中真实地反映出当代学生负担过重的问题，具有一定的现实意义。戴星儿同学把横线当成远方的地平线，她用忧伤的笔触讲述的，是一个守望的故事，读来令人感动不已。让人遗憾的是左小文同学……"

"我就知道，事情很可能要坏在你身上。"冯歌德瞪左小文一眼，"如果说我们三人组是一只木桶的话，你就是最大的短板！"

"左小文同学把那条横线想象成一根头发，还是比较有想象力的，但他的作文前半部分毫无创意，纯属抄袭。"鹅毛笔越写越快，"不过主人承认，它确实被作文的结尾逗笑了。"

"看上去好像还有希望呢。"戴星儿扶扶眼镜。

"主人现在郑重宣布，冯歌德和戴星儿高分通过！"鹅毛笔停顿片刻，继续写道，"至于左小文，主人说，去精灵岛的路上，有一枚开心果陪伴也挺不错的，就让你低分通过吧！"

"太棒了！我们终于可以去精灵岛了！"三个

人齐声欢呼。

鹅毛笔写完上面的字，转身在一旁画起画来。它的画功相当了得，寥寥几笔，一双栩栩如生的翅膀便浮现在半空中。紧接着，它在房间正中央的空地上画出一扇紧锁的门。

三个人看见，就在鹅毛笔画完的一瞬间，那扇门变成一扇真正的门，门缝里还透出耀眼的光芒。很快，那双翅膀扑扇着飞到他们面前，中间悬挂着一把古铜色的钥匙。

"亲爱的朋友，打开时空之门吧！"在明净的月光中，鹅毛笔飞快地写下最后一行字，"精灵王国欢迎你们！"

写看图作文，不仅要注意观察，还要发挥想象力。仔细观察下面的图画，选择一幅你最喜欢的，然后结合笨笨老师所讲的看图作文的写作方法，自拟题目，试着写一篇不少于 300 字的记叙文。

图书在版编目（ＣＩＰ）数据

精灵王的阴谋 ：上、下 ／ 毛小懋著 ；三羊绘． −−
昆明 ：云南科技出版社，2020.9（2021.6 重印）
（作文精灵）
ISBN 978−7−5587−3014−6

Ⅰ．①精… Ⅱ．①毛… ②三… Ⅲ．①作文课−小学
−教学参考资料 Ⅳ．①G624.243

中国版本图书馆CIP数据核字(2020)第178966号

作文精灵

ZUOWEN JINGLING

精灵王的阴谋：上、下

JINGLINGWANG DE YINMOU：SHANG、XIA

毛小懋 著 三 羊 绘

出品人：杨旭恒
策　　划：李 非　戴 勇　王丽雅　魏小杉
责任编辑：李凌雁　杨志能
助理编辑：杨梦月
美术编辑：辰 茜
责任校对：张舒园
责任印制：蒋丽芬

书　　号：ISBN 978−7−5587−3014−6
印　　刷：北京宝丰印刷有限公司
开　　本：787mm×1092mm　1/16
印　　张：12.25
字　　数：200千
版　　次：2020年9月第1版
印　　次：2021年6月第2次印刷
定　　价：55.00元（上、下册）

出版发行：云南出版集团公司　云南科技出版社
地　　址：昆明市环城西路609号
电　　话：0871−64190973

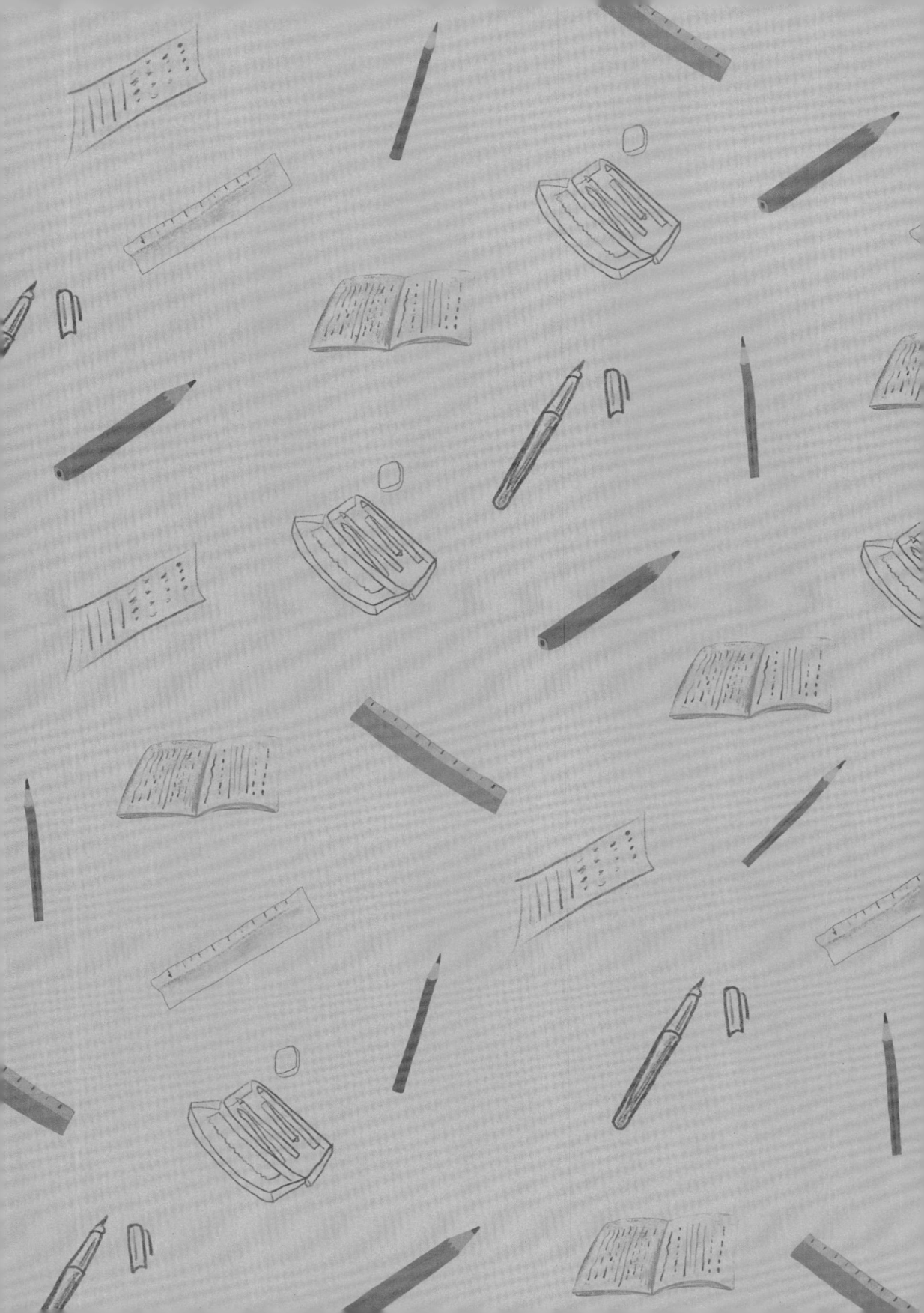

青芽和紫月两只精灵被精灵王抓走了，作文三人组决定去解救它们。他们在精灵隐士的帮助下，历尽艰辛，终于赶到了精灵王国……

著 者

毛小懋，儿童文学作家，儿童期刊执行主编。已出版《嘻哈别字岛》《时光男孩米小扬》《标点符号总动员》《最三国作文》等作品数十部，曾获桂冠童书奖。

绘 者

三羊，本名彭洋，英国爱丁堡艺术学院动画硕士。出版儿童绘本《兵马俑的秘密》《我走进了名画里》，版权输出到英国、新加坡、菲律宾；为《自控力童话》《辫子姐姐成长123》《小诗词》等系列童书创作插图；出版绘本日记《宝贝，当你在妈妈肚子里》。

Composition Fairies

作文精灵

精灵王的阴谋〈上〉

- 著 毛小懋
- 绘 三 羊

云南出版集团　YNK 云南科技出版社

·昆明·

主要出场角色

左小文

　　七星镇小学有名的调皮鬼，聪明机灵，但学习成绩一般，态度也不够积极。在写作方面，更是让老师头疼。后来，在青芽精灵的帮助下，他逐渐开窍，最终爱上写作文。

戴星儿

　　左小文的同桌，时而文静内敛，时而活泼开朗。她的写作水平在班里属于中等，作文中常有奇思妙想。认识紫月精灵后，她的写作水平飞快提升。

冯歌德

　　左小文的死党，知识渊博，是班里写作水平较高的几名同学之一。他的宠物黑豆精灵，不但没给他帮上什么忙，反而惹了不少麻烦。

青芽精灵

　　左小文的宠物，骑鲸而来，古灵精怪，有时胆大包天，有时胆小如鼠。因为偷窥过精灵岛上的秘籍，它掌握了大量作文技法。它的缺点是好为人师，而且讲话唠叨。

紫月精灵

戴星儿的宠物，从天而降，冰雪聪明，关键时刻总能奋不顾身。它和青芽精灵带着无数写作绝招，逃出精灵岛，来到七星镇。它讲起作文技巧，同样唠唠叨叨。

黑豆精灵

青芽精灵的伙伴，忠诚而憨厚，但经常惹是生非。它一直守候在精灵岛上，并在青芽和紫月陷入绝境时挺身而出。

精灵王

精灵岛的统治者，冷酷暴虐，令人望而生畏。因为青芽和紫月公然叛逃，它率领四大护法出海追捕。

精灵隐士

精灵王的同门师兄，被精灵王夺走王位后，隐居在无影城中。它一直关注着精灵岛上的一举一动，只要听到精灵们的召唤，它就会在月光中现身相救。

笨笨老师

七星镇小学的语文老师，精通作文技巧，讲课风趣，深受学生们的喜爱。他自称"笨笨老师"，其实大智若愚。据说，他与精灵王有千丝万缕的联系……

目录

第十一章

大师们的秘诀

积累素材与词汇

戴星儿把紫月精灵捧在掌心里，认真地问："小月，你在和莫泊桑接触的过程中，学到的写作经验有哪些？"

紫月精灵若有所思地说："莫泊桑给我留下深刻印象的一点就是，他的观察能力极强。观察是一切写作的基础，只有把观察的基础打牢，我们才可能写出精彩的作文。至于他观察的秘诀，主要有六条。第一条，观察时必须有明确的目标和任务，要仔细寻找被观察对象的特征，并随时进行记录。比如莫泊桑在家门口观察的目标，就是路上的那些马车。"

戴星儿连连点头，顺手从书包里摸出一只大大的糖果盒。

"第二条，要依照一定的顺序和规律去观察事物。比如面对众多的事物，我们可以按照从大到小、从多到少、从远到近、从整体到局部的顺序去观察；面对一件事物，我们就可以按照从外到里、从上到下、从前到后的顺序去观察。"紫月精灵越讲越快，"第三条，观察的过程中，要充分调动多种感官。

用眼睛看看，用耳朵听听，用鼻子闻闻，用嘴巴尝尝，用手摸摸，再用脑子想想……多种感官齐上阵，你的观察才会细致全面。"

戴星儿打开糖果盒，从里面拿出来一个蓝色封皮的小本子，低头记录起来。

"第四条，观察时必须有重点，要抓住事物的关键特征。第五条，观察的同时最好进行归类和比较。比如，莫泊桑观察马车，就会把穷人的马车跟富人的马车放在一起比较，那样能看出许多细微的差别。第六条，观察不能停留在表面，应当展开联想，发挥想象。莫泊桑观察那些车夫的时候，就会努力去揣摩他们的内心，甚至去想象他们身上发生的故事……"

戴星儿记录完，把蓝色小本子放进糖果盒，接着从中拿出一个棕色小本子，翻开一页，摊在桌上，笑眯眯地说："小月，我不久前写过一篇观察茶叶的作文，你帮我看看吧。"

紫月精灵跳到本子上，摇头晃脑地读起来：

品　茶

　　一个炎热的晚上，爸爸在客厅里摆开茶具，说要教我品茶。

　　爸爸拿起一个古色古香的茶杯，茶杯里有一小撮茶叶，接着他提来一壶开水。当爸爸把开水倒进茶杯时，一片片茶叶就在水中若隐若现地旋转起来。瞧，它们犹如一个个身着绿色舞裙的少女，轻轻舞动着衣裙；又像一条条顽皮的小鱼，在水中嬉戏着。渐渐地，它们安静下来，缓缓沉入杯底。

　　不久，杯底的茶水开始慢慢变黄，杯壁也有些发紫。接着，茶水出现一圈红，慢慢地，红圈不断扩大，杯壁部分已经紫得发黑。

　　再看那些茶叶，原本蜷缩在一起的小家伙们都舒展开自己美丽的翅膀，变成一只只水下蝴蝶。只不过它们也太懒了，没有一只愿意飞到水面上来，全都在水底躲藏着。

我忍不住端起杯子，放到鼻边，那淡淡的、诱人的清香直往我鼻腔里钻。清香仿佛把我带到了一片雨过天晴的大草原上，天边挂着一道绚丽的彩虹。我脚下的青草上还缀着水珠，看着胖嘟嘟的，低头一嗅，空气中满是泥土的芬芳……

我轻轻抿一小口，霎时，茶叶的清香充满了我的口腔。一种独特的苦涩感在舌尖化开，苦中带着丝丝甘甜，让人回味无穷。我想，我所品尝到的苦尽甘来的滋味，也许就是茶的魅力所在吧！

紫月精灵读完，用作文专家的口气点评道："你的观察比较细致，而且把视觉、嗅觉、味觉都调动起来了，非常好。当然，更难得的是，你在描写的过程中，能够充分运用比喻、拟人、通感等修辞手法，把茶叶的色、香、味表现得淋漓尽致，我要为你点个赞！"

　　戴星儿非常兴奋，刚要把小本子装进那个糖果盒，却被眼疾手快的左小文一把夺走了。左小文往糖果盒里一瞧，嘲笑道："戴星儿，你是收废纸的吗？"

　　"你才收废纸呢！"戴星儿眼睛一瞪。

　　"你自己看，你的盒子里装的不都是破烂吗？"左小文指着糖果盒，里面装着许多不同颜色的小本子，以及一些大大小小的纸片，看

上去确实乱糟糟的。

冯歌德凑过来，惊奇地问："戴星儿，你是在学习李贺吗？"

戴星儿立刻面露喜色，伸手拍着冯歌德的肩膀说："看来还是你识货啊！"

"咦，李贺是谁？"左小文纳闷地挠挠头。

"左小文！"冯歌德避而不答，一本正经地说，"你是不是每天都在为写作文发愁？"

"当然！我最愁的就是凑不够要求的字数，写作文真烦人！"

"知道你为什么总是凑不够字数吗？原因非常简单，你的素材和词汇量不够。"冯歌德像老师一样循循善诱地讲道，"写作文就如同盖房子，素材和词汇量就是砖和瓦，如果砖瓦不齐全，当然盖不出像样的房子来。"

"原来如此！"左小文笑嘻嘻地说，"那么请问尊敬的冯老师，哪里有卖砖瓦的呢？我要去买一卡车来，盖一座漂漂亮亮的大房子！"

"素材和词汇量是买不到的，只能靠平时的积累。"冯歌德抱起双臂，"下面，冯老师就给大家讲几个名人故事吧！"

左小文和戴星儿强忍住笑，装出一副洗耳恭听的样子。紫月精灵和青芽精灵本来在一旁玩耍，听说冯歌德要讲故事，立刻跳过来，眼巴巴地望着他。

冯歌德清清喉咙，大声讲起来："第一个故事是关于鲁迅先生的。鲁迅先生喜欢读书，他每天都会从各种各样的书刊里收集大量的资料。他认为，积累资料应该像蜜蜂采蜜，不辞劳苦，积少成多。第二个故事是关于唐代诗人李贺的。李贺每次出门旅行的时候，都会带着一个锦囊，不管是看到奇异

的风光，还是想到奇妙的诗句，他都会写在纸上，丢进锦囊里。李贺的许多流传千古的诗作，其实都是从锦囊里提炼出来的。那个锦囊，就叫诗囊。"

左小文恍然大悟，转头对戴星儿说："原来你那个盒子是抄袭李贺的诗囊！"

"拜托！你懂不懂什么叫抄袭啊？我是借鉴，是从李贺那里得到的启发，明白吗？"

"大家别吵，请遵守课堂纪律。"冯歌德接着说，"我的第三个故事，是关于美国小说家杰克·伦敦的。杰克·伦敦最大的爱好是交朋友，他经常和各种不同的人在一块儿聊天，然后把所见所闻记下来。有一段时间，他甚至假扮成一个流浪汉，每天和无数的难民混在一起，体验他们的生活，并最终写出一部伟大的作品。咳咳，左小文同学，听完我讲的三个故事，你有没有什么感想呢？"

"有！"左小文举手道，"积累写作的素材，既可以像鲁迅先生一样从书刊中收集资料，也可以像李贺一样记录偶得的灵感，还可以像杰克·伦敦一样去体验生活，对不对？"

"孺子可教也，嘿嘿……"冯歌德带着一脸坏笑，亲昵地摸摸左小文的头。

"冯歌德，你真的可以去当老师了。"戴星儿差点笑出声来。

冯歌德挑挑眉毛，继续讲道："刚才青芽精灵讲到一点，我觉得非常有道理。积累包括两个方面，就是素材和词汇。而素材，包括生活素材和知识素材两种。积累生活素材，就要像杰克·伦敦一样，注意观察世间万物，留心生活中的一切，积累亲身经历与感受……"

左小文长叹一口气："说真的，我确实想像杰克·伦敦那样假扮流浪汉，满大街乱转，但我妈肯定不同意。"

"不一定非要假扮流浪汉，生活类素材非常多，处处留心皆学问。"冯歌德说，"而积累知识素材，最好的办法就是像鲁迅先生那样勤于阅读。阅读既能增长知识、开阔眼界，也能吸收书刊中的语言精华，一举两得。"

戴星儿接口道："至于积累词汇量，途径就更多了。比如上语文课的时候多背诵课文中的优美词句，比如多看点课外书，遇到精彩的段落就好好琢磨一下。还有，许多有用的词汇其实就潜藏在路边的广告里、别人说过的话里，甚至电视节目的台词里。你只要像李贺一样准备几个摘记本，不管在哪里遇到好词好句，都随手记录下来，时间一长，你掌握的词汇量会越来越丰富，写作文当然就再也不用凑字数了。"

左小文拍拍手说："两位老师，你们讲得太好了！看来，三人行果然必有我师啊！"

古今中外的文学名家，很多都有随时积累素材和词汇的习惯。可以说，他们的创作灵感并不是天生的，而是一点一滴地收集起来的。让我们看看他们的写作功力是怎样炼成的吧。

梅尧臣的布袋与陶宗仪的瓦罐

唐代诗人李贺外出时，总带着一个随时收集诗句的锦囊，被称为"诗囊"。无独有偶，宋代诗人梅尧臣也有一个布袋，他出门在外偶有灵感，就记下来扔进袋子里，所以他的布袋被称为"诗袋"。

而元末明初的文学家陶宗仪，积累素材靠的是一只只瓦罐。他因为屡试不第，曾在松江乡下隐居，平日里开馆授课，课余与村民们一起耕种。在地里干活时，他经常与弟子们谈古论今。一到休息时间，他就摘下田边的一些大树叶，把自己的所见所闻、所思所感写上去，装进瓦罐里。等到瓦罐装满了，陶宗仪便将它密封起来，埋在树底下。

经过十余年的日积月累，陶宗仪陆续埋下了几十只瓦罐。后来，他让弟子们把那些瓦罐挖出来，取出树叶，然后指导他们将上面的记载抄录下来，整理润色，最终编成了一部三十卷的巨著《南村辍耕录》。

博采众长的鲁迅与海明威

鲁迅先生认为，要想写出好的作品，必须博览群书。在《给颜黎民的信》中，他写道："只看一个人的著作，结果是不大好的，你就得不到多方面的优点。必须如蜜蜂酿蜜一样，采过许多花，才能酿出蜜来，倘若叮在一处，所得就非常有限，枯燥了。"

美国作家海明威在创作的同时，每年都要读一读莎士比亚的剧作，以及其他著名作家的巨著。除此以外，他还精心研究过奥地利作曲家莫扎特、西班牙油画家戈雅的作品。他说，他向音乐家和画家学到的东西并不比从文学家那里学到的少，难怪他创作出的小说总是情景交融，独具一格。

精灵文摘

　　积累词汇的途径多种多样。那些常用的优美字词，我们当然要尽可能多地去掌握，与此同时，我们也要适当地积累一些不太常见但极具文采的字词。在写作文的时候，如果能准确地用上几个稍显生僻的词语或成语，一定能给阅卷老师留下深刻的印象。

　　读一读下面的成语和例句，试着记住并学会使用它们。

诗无达诂（gǔ）

释义：语出西汉董仲舒的《春秋繁露》。意思是对《诗经》没有确切的或一成不变的解释，因时因人而有歧异。

例句：正所谓诗无达诂，如果把每句诗都解释得极为精确的话，诗的美感也就丧失了。

白云苍狗

释义：语出唐代杜甫的《可叹诗》。意思是天上的浮云像白衣，一眨眼又变得像灰狗，比喻世事变幻无常。

例句：近年来欧洲局势变幻莫测，犹如白云苍狗。

雪泥鸿爪

释义：语出北宋苏轼的《和子由渑池怀旧》。意思是大雁在雪泥上踏过留下的爪印，常用来比喻往事遗留的痕迹。

例句：遥想当年，种种往事犹如雪泥鸿爪，虽然历历在目，却再也回不去了。

野人献曝（pù）

释义：语出《列子》。意思是自己贡献出来的不是珍贵的东西，是向人提出建议时常说的客套话。

例句：今天我把我的一些小小的心得讲给大家听，也算是野人献曝吧。

蝉不知雪

释义：语出西汉桓宽的《盐铁论》。比喻人见闻不广。

例句：他闭目塞听，顽固无比，犹如蝉不知雪，根本不晓得外面的世界是什么样子。

羚羊挂角

释义：语出宋代陆佃的《埤 (pí) 雅》。相传羚羊夜宿时会挂角于树，脚不着地，以避祸患。旧时常用成语"羚羊挂角"来比喻诗的意境超脱。

例句：他是公认的校园棋王，棋风犹如羚羊挂角，无迹可求，让对手难以捉摸。

焚膏继晷 (guǐ)

释义：语出唐代韩愈的《进学解》。形容夜以继日地勤奋学习或工作。

例句：她每天刻苦学习，几乎到了焚膏继晷的地步。

吉光片羽

释义：语出东晋葛洪的《抱朴子》。常用来比喻残存的珍贵事物。

例句：那一瞬间，有一个画面从我脑海中掠过，犹如吉光片羽，一闪即逝。

君子豹变

释义：语出《周易》。豹子刚出生时非常普通，但长大后会变得矫健而美丽，因此古人常用"豹变"来形容君子的成长。此外，"豹变"还指像豹子一样迅速改变自我，适应环境。

例句：正所谓君子豹变，短短几年时间，当年的捣蛋鬼米小扬竟然变成了一个知书达礼的青年才俊。

第十二章

紫月精灵
帮忙记

认真审题

不知不觉，窗外的月亮已经爬上宝石蓝的夜空。左小文双手抱臂，喃喃自语："看来，积累素材与词汇就像是储存粮食，家中有粮心里才不会慌。生活中处处有素材，只要能养成随时积累的好习惯，我们写起作文来都可以下笔如有神……"

冯歌德和戴星儿点点头，不约而同地伸手摸摸左小文的脑袋，称赞道："朽木可雕也！"

　　左小文跳到一旁，把青芽精灵抓起来，塞进书包，朝他们挥挥手："天黑了，我该回家吃晚饭了，明天见！"说完，他背起书包，大踏步走出戴星儿的家。

　　第二天，同学们刚到教室，就看见笨笨老师捧着一大摞试卷跨进门来，大声说："今天我们进行一次摸底测试，大家把试卷传下去。"

　　左小文不禁皱起眉头："笨笨老师就喜欢搞突然袭击！"

　　传完试卷，笨笨老师狡黠地一笑："刚才发下去的测试卷共有三套，每套上面的作文题都不一样，所以咱们班那几个'抄袭大王'就别指望抄同学的了。尤其是你——左小文！"

　　左小文挠挠头："老师，我写作文从不抄袭……"

　　"是吗？上次我让大家写一个自己最熟悉的人，你不就是抄袭冯歌德的吗？"

　　"天地良心！我们俩写的作文根本就不一样。我写的是《我的爸爸》，他写的是《我的妈妈》，完全是两个人嘛！"

"虽然题目不一样，但神奇的是，里面的内容居然一模一样。你想不想解释一下？"

"可能只是……巧合吧。嘻嘻，肯定是巧合。"左小文厚着脸皮说。

"更神奇的是，在你的作文当中，你爸爸留着一头披肩发，经常戴着一个粉红色发卡，每次出门前都要涂脂抹粉，而且穿高跟鞋走路时老是崴脚……"

笨笨老师话音未落，同学们就哈哈大笑起来。左小文擦擦汗，那天时间紧张，他只顾着照抄冯歌德的作文，根本来不及细想。

"嘿嘿，"左小文尴尬地笑笑，硬着头皮说，"我爸爸就是一个比较臭美的男人，所以我妈妈老是嫌他婆婆妈妈的……"

"可是你之前告诉大家，你爸爸是工程师，业余担任菜市场经理。"笨笨老师说，"这身打扮，会不会太前卫？"

杜子腾抢着说："我完全能想象，左小文他爸嘴上涂着口红，头上戴着发卡，穿着高跟鞋站在店铺里，翘起兰花指给客人杀鱼，还不时伸手撩一撩满头的秀发……啧啧啧，那个画面太美我不敢看……"

全班再次哄堂大笑，左小文耸耸肩："世界之大，无奇不有嘛。"

"言归正传，现在大家就开始写作文吧。"笨笨老师在讲桌后面坐下，"下课前收卷。"

左小文低头一看试卷，上面是一道话题作文：

世上的路有千万条，其中既有平坦的公路，也有笔直的铁路，还有崎岖的山路。然而，能带你走到目的地的路往往只有一条。请以"路"为话题，写一篇不少于500字的作文。

"唉，真难写。"左小文咬着铅笔头琢磨半天，越琢磨越郁闷，于是踮起脚尖一看邻桌冯歌德的试卷，上面是一道半命题作文：

请将"＿＿的爱"补充完整，然后以

15元

45元

此为题，写一篇不少于 500 字的作文。

左小文忍不住吐吐舌头："半命题作文比话题作文还麻烦。"他坐下来，转过头看看同桌戴星儿的试卷，上面是一道命题作文：

请以"助人为乐"为题，写一篇不少于 500 字的记叙文。

"你的题目比我的好写多了，要不我们交换吧。"左小文嬉皮笑脸地说。

戴星儿摇摇头："我才不和你交换呢。"她看看讲台，笨笨老师正在批改作业，于是偷偷埋下头去，问书包里的紫月精灵："喂，小紫，你能帮帮我吗？"

"没问题。"紫月精灵从书包里钻出来，变成一枚紫色的弯月戒指，落在试卷上。只见戒指连翻几个跟头，用蚊子哼哼一样的声音说："写作文，审题是非常关键的一步。可以说，审题是否准确，直接决定文章的优劣和写作的成败。具体来讲，审题要注意四点。首先，要明确写作的体裁，究竟是写记叙文、议论文还是说明文……"

"题目的要求是写一篇不少于500字的记叙文。"戴星儿说。

"可是，"左小文凑过来，"我和歌德的题目里都没提到作文的体裁，怎么办？"

"没有体裁方面的要求，就可以自由发挥，选一种自己最擅长的体裁去写。"紫月精灵接着说，"其次，要明确写作的范围。不同的作文题目，划定的写作范围是不一样的。就拿记叙文来说，记叙文大致可以分为写人和记事两大类，它们选材的侧重点是不同的。写人的记叙文侧重于人物形象的描绘，要恰当地运用各种描写方法，把人物的精神风貌和性格特征表现出来；记事的记叙文侧重于记事，写的时候要把叙事的六要素交代清楚，将事情的发展过程讲明白。至于叙事六要素，就是事情发生的时间、地点、人物、起因、经过和结果……"

戴星儿连连点头："我要写的《助人为乐》显然就属于记事类的记叙文。"

"第三，要抓住题目的题眼，明确写作的重点。题眼就是题目的核心，只要抓住题眼，就能把握住写作的重点。"

"可是，我没有抓过题眼，你能教教我吗？"戴星儿低声问。

"当然可以。如果题目是主谓句的话，题眼往往是谓语或谓语中心词，比如'我崇拜的一个人'，题眼就是'崇拜'，在写作的过程中就要把'崇拜'作为重点，整篇文章也要围绕'崇拜'来展开。如果题目是动宾短语，题眼往往就是那个动词，比如'打扫卫生'，题眼就是'打扫'，在正文里自然要写清楚到底是怎样打扫的。如果题目是偏正短语，题眼往往就是定语或状语，比如'暑假生活'，题眼就是'暑假'，就要把暑假的独特之处写出来。"

"虽然听得有点糊里糊涂，不过我大致明白了。"戴星儿说，"'助人为乐'的题眼就是'助'字，所以我必须在作文中把帮助别人的经过写清楚。"

"没错。第四，明确作文的内容。"紫月精灵继续往下讲，"比如'助人为乐'，其实就暗含你要在正文里写的三项内容。第一项是'助'，就是帮助别人的经过；第二项是'人'，就是写清楚你帮助的是什么人；第三项是'乐'，把你从中获得的快乐写出来，最好再升华为人生的感悟。"

戴星儿恍然大悟，左小文却着急起来："她把作文题目拆出三个字，就能写一篇作文。我的作文话题就一个字，拆都没法拆啊！"

紫月精灵咧开嘴一笑："你可以让小青帮帮你。"

左小文低头朝桌洞里一看，恨恨地说："它躺在里边睡大觉呢。"

"好吧，我就替小青帮你一把。"紫月精灵说着，跳到左小文的试卷上，"你的作文话题只有一个'路'字，有些笼统，确实比较难写。我觉得你可以给'路'加上一个或几个限定词语，比如把它变成'家乡的小路'或者'人生之路'，肯定就好写多了。"

左小文猛地一拍大腿："我干脆就写一篇《老家的路》吧！不久前，我爸带我回过一次农村老家，我发现村子里的变化特别大，到处都是平坦的水泥路，可以说四通八达。我曾经听奶奶讲过，十几年

前村子里还都是土路，只要下雨，到处都是一片泥泞。而且，那时候去一趟县城要走大半天，现在坐上汽车，不用半个小时就到了……"

戴星儿说："不错，你可以运用比较的手法，通过描写老家不同时期的路，来表现农村几十年来的巨大变化。"

"还有，我听我爸讲，高铁明年就修到我老家了。奶奶说，她一辈子去过的最远的地方就是县城。等明年高铁修好了，我一定带着奶奶坐上高铁游遍全中国。我要带她去看大海，登泰山，爬长城。我还要带她环游全世界，去柏林看埃菲尔铁塔，去泰国看泰姬陵……"

"我想告诉你三件事。第一，埃菲尔铁塔在巴黎。第二，泰姬陵在印度。第三，你要带你奶奶去环游世界，首先应该把笨笨老师布置的作文写完。"戴星儿说着，抬腕看看手表，"喏，再过十分钟就下课了……"

"啊？"左小文惨叫一声，急忙埋下头去，飞快地写起作文来。

魔法练习册

　　写作文，审题是非常关键的。下面有一道考试作文题，请按照紫月精灵讲的"审题四招"，说一下你的审题思路和创作思路。如果你愿意，还可以尝试着把它写下来。

　　请以"假如我是……"为题，写一篇不少于500字的记叙文。

　　如果把文章比作一个人，标题就相当于人的眼睛。如果考试的作文题不是命题作文，那么为它起一个恰当的标题至关重要。下面是为非命题作文拟题的七大绝招，相信总有一招能帮到你。

第一招　画龙点睛

　　直接把作文的主题或观点作为标题，就像画完一条龙，再为它点上眼睛。你想讲什么，读者一看就知道了。

例子：《我家的"呼噜大王"》《成长是一场冒险》《故乡的苦楝树》

第二招　引人入胜

　　在标题中留下悬念，可以吸引读者读下去。

例子：《我们家的不传之秘》《失败真是成功之母吗？》《"通天大盗"是怎样炼成的》

第三招 天马行空

把天马行空的想象融入标题之中，肯定能让读者眼前一亮。

例子：《风居住的街道》《我变成了孙悟空》《被拉长的时间》

第四招 反弹琵琶

运用逆向思维，打破常规，从反面去看问题，起一个与别人相反的标题，肯定能给读者留下深刻的印象。

例子：《开卷未必有益》《"弄斧"必须到"班门"》《学海无涯乐作舟》

第五招 引经据典

在标题中引用一些诗词歌赋、名人名言、谚语俗语，也能起到引人注目的效果。

例子：《七里香》《人心齐，泰山移》《相逢何必曾相识》

第六招 标新立异

一个标新立异的题目，也往往能激发读者的好奇心。

例子：《渴望生病》《我给老师当家教》《骑着笨猪飞上天》

第七招 巧用修辞

我们学过很多修辞手法，几乎每一种修辞都可以运用到标题里。

例子：《生活就像一盒巧克力》（比喻）、《一只兔子的罗曼史》（拟人）、《渺小的巨人》（对比）、《针尖跳舞》（夸张）、《难道我真的错了？》（反问）、《令人落泪的"傻瓜"》（反语）、《满招损，谦受益》（对偶）、《奔跑吧，少年！》（呼告）

第十三章

精灵们的

噩梦

精心选材

左小文运笔如飞，终于赶在笨笨老师收卷前，把作文《老家的路》写完了。变成戒指的紫月精灵跳起来，在三个人的试卷上飞快地扫视一圈，总结道："在你们三个的作文当中，写得最流畅自然的，是冯歌德的那一篇。"

左小文当然不相信，他趁笨笨老师不注意，伸手抓过冯歌德的试卷，低头看起来：

被忽视的爱

暑假的一天，骄阳似火。为了躲避炎热的天气，妈妈提议我们一起去游泳馆学习蛙泳，我兴高采烈地答应了。

来到游泳馆，我和妈妈很快就练习起来。在练习的过程中，我一直都漂不起来，但还是努力去尝试，没有放弃。当我再一次尝试着漂起来时，忽然脚一抽筋，沉下去连呛几口水。我不停地扑打着水面，高声叫道："老……老妈，快来救我！"

妈妈冲过来，把我从水底解救出来，然后给我讲解一番游泳的要领与技巧，便自顾自地练习去了。被冷落在一旁的我忍不住埋怨起妈妈的冷漠，心想：我都差点被淹死了，你至少也应该安慰一下我吧?

游泳馆里的人渐渐散去，很快，游泳池中就只剩下我和妈妈两个人了。妈妈仍然慢悠悠地向前游着，仿佛世界上没有什么东西值得她回头看一眼。我一边扑打着水花，一边看着她的背影，心中不禁充满失落。

妈妈游到池中央，终于回过头来，眼睛朝我不经意地一瞟。窗外的云朵无声地飘动着，我心里忽然一跳，因为我看见妈妈的脸上露出一丝微笑。

妈妈的眼睛是那样明亮，眼神里满是温柔与关切，还有几分疲惫。那一瞬间，她的微笑就像阳光一样，融化了我的不解

与埋怨。我忽然觉得心里酸酸的，不知为什么，眼里的泪水不受控制地滚落下来。我迅速埋下头，把脸浸在水中，生怕妈妈看见。然而调皮的眼泪偏偏和我作对，不住地流淌着。

　　我终于明白，妈妈一直都是爱我的。只不过她的爱犹如普照大地的阳光，如果不注意，就可能被忽视。然而，只要能读懂妈妈的爱，幸福的温暖便涌入心田。

　　"嗯，确实写得不错！"左小文称赞道。

　　"现在收卷！"讲台上的笨笨老师站起来说，"下节课，我就以大家的作文为例，来讲解一下作文选材的技巧……"

　　就在此时，左小文的桌洞里忽然传出一声惨叫："救命啊！"左小文一愣，立刻反应过来，肯定是青芽精灵睡醒了。

　　所有的同学都扭过头来，奇怪地看着左小文。

因为吃惊，左小文的嘴巴微张。笨笨老师眉头一皱："左小文，你喊什么？"

"不……不是我喊的。"左小文挠挠头。

"不是你喊的，难道是鬼喊的吗？"

"呃，确实是我喊的，嘿嘿。"左小文只能硬着头皮说，"都怪……都怪戴星儿掐我！"

"老师，我没掐左小文！"同桌戴星儿急忙辩解。

"不是你掐我，难道是鬼掐的吗？"左小文嬉皮笑脸地说完，心里已经想到对策了。他伸手指着空中，故作惊慌地叫道："快看哪，好大一只黄蜂！原来是大黄蜂蜇的我！"

顿时，教室里一片骚动，同学们纷纷惊慌地朝空中望去，到处搜寻大黄蜂。左小文索性演戏

演到底，伸手在半空中划出几道优美的弧线，然后指向窗外："咦，大黄蜂左冲右撞，上蹿下跳，巧妙地突破几名球员——不，几只大苍蝇的严防死守，终于将足球——不是，将自己像足球一样丢出窗外，太厉害了！"

同学们长舒一口气，很快就安静下来。笨笨老师耸耸肩，随手拿起收齐的试卷："大家下课吧！"说完，转身走出门去。

左小文环顾一圈，确定大家没有再注意他，便埋下头低声说："小东西，你鬼叫什么？差点把我吓死了。"

青芽精灵在桌洞里伸伸懒腰，委屈地说："我做噩梦了……"

"噩梦？什么噩梦？"

"我梦见精灵王疯狂地追杀我和紫月精灵，我们拼命跑，却根本跑不出他的手掌心。"青芽精灵神情惊恐，"我们变成两只兔子，精灵王立刻变成一个厨子，把我们煮成一锅香辣兔子肉；我们变成两只麻雀，精灵王还是变成一个厨子，把我们

煮成一锅红焖麻雀肉；我们变成两只山羊，精灵王照样变成一个厨子，把我们煮成一锅清炖羊肉汤……"

"哈哈，你们的精灵王真是万变不离其宗啊！"左小文咧嘴一笑，"你们干脆变成饭店的经理，把它炒掉得了！不过我倒挺好奇，精灵王真有你说的那样可怕吗？"

"可怕，他真的很可怕！"青芽精灵说完，浑身猛地一颤。

上课铃响了，笨笨老师走进教室，二话不说，开门见山地讲道："*所谓选材，就是根据作文主题的需要来选择恰当的材料，使作文产生最好的效果。*打一个比方，写作文就像是缝衣服，选材就像是挑选布料，选择的布料是不是合适，决定着做出来的衣服的质量。今天我就给大家讲讲作文选材的技巧，简言之，一共有五个关键词。"

戴星儿打开笔记本，认真地记录起来。左小文却像一只慵懒的老猫，趴在桌上，偷偷地和桌洞里的青芽精灵玩猜拳游戏。

"第一个关键词是真实，就是尽量选择自己亲身经历、亲眼所见、亲耳所闻的事，千万不要胡编乱造。选择真人真事、抒发真情实感，能增强作文的说服力与感染力，那些胡编乱造的故事是很难打动人的。"笨笨老师说着，打开一个作文本，"比如冯歌德的《被忽视的爱》，讲的是与妈妈一起去游泳的故事，里面提到的每一个细节显然都是他亲身经历的，读来情真意切，令人感动。"

冯歌德有些得意，朝左小文挑挑眉毛。

"第二个关键词是典型，意思是要选择最具有代表性、最符合主题的典型材料。"笨笨老师拿起另一个作文本，"比如罗美萝的《助人为乐》，选择的材料就比较典型。她写的是她爸爸，大家都叫他'活雷锋'，因为邻居们只要碰上麻烦事，跑来找他帮忙准没错。罗美萝选择的是爸爸帮林阿姨捉爬上树的猫、帮吴大伯修屋顶、帮宋奶奶寻找离家出走的孙子三件小事，可以说，都是有代表性的典型材料。"

"我爸爸助人为乐的故事可多了，我选择的只是三件最普通的事。"说起自己的爸爸，罗美萝总是一脸自豪。

"第三个关键词是熟悉，顾名思义，就是最好选择自己最熟悉的材料。如果选择的材料你并不熟悉，写起来肯定磕磕绊绊，说不定还会闹出笑话来。比如左小文的《老家的路》，写的是农村老家的巨大变化。很显然，老家门前的那条路是他再熟悉不过的，所以他写起来得心应手，游刃有余。"

左小文原本趴在桌上，听到笨笨老师说起他的作文，立刻直起身子来，昂首挺胸，面露微笑，活像一只骄傲的大公鸡。

"第四个关键词是新颖，不用说，新颖是指选材与众不同，能给读者带来新鲜感。很多同学的作文中存在的最大问题，就是内容老套，千篇一律。有的同学只要写母爱，就写他发高烧，妈妈背着他去医院，一路上狂风暴雨；有的同学只要写老师，就写他生病住院，老师每天来给他补课，风雨无阻；有的同学只要写助人为乐，就写他身患重病，在公交车上坐都坐不稳，却仍然咬紧牙关，拼命站起来，给老人让座……"

笨笨老师话未说完，同学们就哄堂大笑。左小文耸耸肩说："没错，只要写起作文来，教室里就到处都是病秧子。"

"所以，写出新意很重要。"笨笨老师继续讲道，"比如，同样是写爱，大部分同学写的都是父爱、母爱、老师的爱，只有薛鹰羽独出心裁，写出一篇《相依相守的爱》。在作文里，他写的是一对捡垃圾的老爷爷老奶奶，在一个下大雪的夜晚，依偎在路旁，身上落满雪花。他们的背影就像一尊雕塑，使人感动不已。"

同学们纷纷看向薛鹰羽，只见他双手托腮，静静地坐在那里，似乎在发呆。

"第五个关键词是正能量，就是说，我们要选择正面的、积极的、有意义的、能给读者带来启示的材料。有的同学写的是自己欺负弱小的故事，我直接给他零分！"笨笨老师气愤地大手一挥，"当然，大部分同学写的作文里还是充满正能量的，比如敬一静的《人生路上的抉择》。敬一静，来给大家读读你的作文吧。"

敬一静走上讲台，接过自己的试卷，细声细气地读起来。她写的是她叔叔的人生故事，非常曲折，充满励志色彩。在故事的结尾，她总结道：

人生之路从来都不是平坦的，总会遇到逆境。其实，遇到逆境并不是坏事，它可以给人带来磨炼的机会。只有经得起逆境考验的人，才能成为真正的强者。

魔法练习册

选材就是根据作文主题的需要来选择恰当的写作素材。下面有一道作文题，请按照笨笨老师讲的选材的五个关键词，说一说，你会在构思的过程中选择什么样的材料。

成长的故事很多很多，既有欢乐也有悲伤；成长的时光很长很长，需要我们一点一滴去感悟。请以"成长"为话题，写一篇不少于500字的作文。

第十四章

谦谦君子
柳逐阳

记叙文的六要素

终于下课了，笨笨老师拿起讲义，大踏步走出教室。

冯歌德从桌洞里摸出一副象棋，推到左小文面前，笑嘻嘻地说："来，咱们下一盘！"

左小文来者不拒，两个人热火朝天地下起棋来。刚走两步，左小文就拈起一枚炮，带着坏笑说："吃掉你的卒子！"冯歌德哈哈大笑："我跳马，踩死你

的大炮！"

左小文大吃一惊，赶紧把炮撤回来："不行不行，我要悔棋……"

纪律委员柳逐阳一直在旁边观战，此时忍不住插话道："你不能悔棋，左小文。俗话说得好，落子无悔大丈夫……"

话音未落，笨笨老师忽然掉头走进门来。听到他们在下棋，他皱着眉头说："柳逐阳，你身为纪律委员，看见有人在下棋，为什么不出声制止？"

柳逐阳挠挠头，暗自嘀咕："因为俗话说得好，观棋不语真君子……"

笨笨老师清清喉咙，大声宣布："同学们，今天下午咱们去植物园进行义务劳动。大家中午回家的时候，每人带一把扫帚和一个簸箕来，下午两点半在植物园门口集合！"

"哇！太棒了！"同学们齐声欢呼。

"不要急，我还没有说完呢。"笨笨老师微微一笑，"明天早晨，每人给我交一篇作文，就写今天的义务劳动。大家在植物园里的时候，要注意收集

写作素材哟！"

一刹那，教室里安静下来，左小文忍不住低声嘟囔一句："哇，太惨了。"

当天中午，左小文把青芽精灵塞进书包，一路背回家，藏在书架上的纸盒里："小青，别乱跑，等我回来陪你玩。"

吃过午饭，他扛起扫帚和簸箕，风风火火地赶到植物园的大门口。同学们已经到齐了，杜子腾一看到他，就高声喊道："左小文，你想听笑话吗？"

左小文摇摇头："不想。"

"哈哈！"杜子腾坏笑一声，自顾自地讲起来，"刚才来植物园的路上，敬一静看

见一群鸽子停在一棵树上，就站在下边向它们打招呼。你猜，接下来发生什么搞笑的事？"

左小文再次摇摇头："不猜。"

"哈哈！"杜子腾笑得浑身发抖，"有只鸽子似乎不太高兴，把屁股一抬，一坨白花花的鸽子粪就落下来，不偏不倚，恰巧掉到敬一静的脑门上。敬一静一呆，转身哭着回家去洗脑袋了。哈哈哈，你说好笑不好笑？"

左小文继续把头摇得像拨浪鼓一样："不好笑。"

"唉，你可真没幽默感！"

"杜子腾，你的幽默感建立在别人的不幸之上，非常令人讨厌。笨笨老师教导过我们，看到别人遭遇不幸的时候，千万不要嘲笑，因为你也会有遭遇不幸的一天。就拿我来说吧，前几天，有一个同学不小心踩到狗屎了，所有人都在疯狂大笑，就我没有笑，因为我觉得那是一件很严肃的事情……"

"哈哈，是谁啊？太倒霉了！"

"就是我本人。"

杜子腾一听，更是笑得直不起腰来。柳逐阳忽然凑过脸，面无表情地说："杜子腾，你确实不应该随便嘲笑别人。古人云，君子扬人之善，小人扬人之恶。"

杜子腾眼睛一瞪："什么意思？"

"意思就是，君子热衷于传播别人的优点，小人却喜欢把别人的缺点四处宣扬。"

"姓柳的，你居然拐着弯骂我是小人！"杜子腾很生气，"来，咱们理论理论，看看到底谁是君子，谁是小人！"

"我不会和你理论的。"柳逐阳慢悠悠地说，"古人云，君子山岳定，小人丝毫争。意思很明显，君子就像高山一样镇定从容，只有小人才会争来争去。"

杜子腾勃然大怒，扔掉扫帚，冲过去要打柳逐阳。柳逐阳吓得跳到路旁，叫道："俗话说得好，君子动口不动手……"

"放心，我是君子，不会动手的！"杜子腾说着，抓住柳逐阳，张开大嘴在他脸上一阵乱咬，就像一条被惹急的猎狗。

柳逐阳惨叫一声，把他用力推开，一边擦着满脸的口水，一边嘟囔："你太狠了，不过我不会和你计较的。俗话说得好，量小非君子，无度不丈夫……"

两点半，笨笨老师急匆匆赶来，把大家分成许多小组。左小文和柳逐阳分到一组，他俩负责清扫紫竹林里的鸟粪。

紫竹林是一片幽深的林子，里面住着很多麻雀，地上自然落满鸟粪。柳逐阳捂着鼻子，默默地打扫起来，左小文觉得有些无聊，于是没话找话："喂！

柳逐阳，同学们都说，你的作文写得好是因为你出生在文学世家，是真的吗？"

"没错！"柳逐阳抬起头来，自豪地说，"说起我爷爷，在文学界简直无人不知，他当过裁缝，在六十年前给茅盾先生补过裤子。我爸爸同样大名鼎鼎，他当过修理工，在三十年前给郑渊洁先生修过自行车。我叔叔的名字更是家喻户晓，十五年前，他在一个小区当保安，小区里住着年少成名的韩寒先生……"

"听上去，他们只是给文学家打过工，和文学有什么关系？"

"不，你听我说完。我舅舅是一名真正的作家，十年前他出过一本书，狂销几十万册，堪称畅销书作家……"

"好厉害！他出的是什么书？我要去书店买一本来看看。"

"我想你不会喜欢的，书名叫《科学养猪》。"

左小文一愣，接着捧腹大笑。笑够了，他把扫成一堆的鸟粪装到簸箕里，长叹道："唉，只要想

到回家以后还要写一篇作文，我就头昏脑涨。柳逐阳，你打算写什么呢？教教我吧，我请你吃雪糕！"

柳逐阳怒不可遏，满脸涨得通红："你太过分了，竟敢侮辱我！"

左小文有些摸不着头脑："天地良心！我哪有侮辱你？"

柳逐阳脱口而出："古人云，君子喻于义，小人喻于利。你明不明白？君子看重的是道义，小人看重的是利益。你请我吃雪糕，就是想用利益诱惑我，就是把我当小人！"

左小文擦擦汗："可据我所知，还有一句俗话说得更好，君子爱财，取之有道。你教我写作技巧，我请你吃雪糕，我们各取所需，不就是取之有道吗？"

"就算你不请我吃雪糕，我也一样会教你，因为我是真正的君子！"柳逐阳仰起头来，一脸高傲地说，"其实，记叙文是很好写的，我可以把我的独门秘诀教给你……"

"好的，我洗耳恭听！"

"我的秘诀一共只有六个字，"柳逐阳面色凝重，一字一顿地说，"把事情写清楚。"

左小文一听，挠挠头皮，低声嘟囔："你说的算哪门子的秘诀，完全就是一句废话嘛。"

"听上去像一句废话，但它是记叙文写作技巧的高度浓缩。你可能会问，到底怎样才能把事情写清楚？很简单，只要把记叙文六要素逐一交代清楚，事情也就基本上写清楚了。"

"什么是记叙文六要素？"左小文忙问。

"所谓记叙文六要素，就是指时间、地点、人物、事情的起因、经过和结果。"柳逐阳慢条斯理地讲道，"记叙文的内容多种多样，无论是记事、写人、状物还是绘景，都离不开时间和地点，而且必定有事情的前因后果。左小文，如果让你把咱们清理鸟粪的事写成一篇记叙文，它的六要素分别是什么呢？"

左小文不假思索地说："时间是今天下午，地点是植物园的紫竹林里，人物是我和你，事情的起因是笨笨老师带领我们来参加义务劳动，经过是我和你在紫竹林中挥汗如雨地清扫满地的鸟粪，结果是我们扫完鸟粪，高高兴兴地回家了。"

柳逐阳点点头："你看，只要再添加一些细节，把内容扩充一下，一篇作文就出来了。"

左小文兴奋不已，放下装满鸟粪的簸箕，拍着柳逐阳的肩膀称赞道："柳逐阳，你果然有一套！俗话说，听君一句话，省我十本书啊！"

柳逐阳拂开他的手，掸着自己肩膀上的灰尘说："第一，请不要乱用俗语。正确的说法应该是，听君一席话，胜读十年书。第二，请不要用你摸过鸟粪的手碰我。谢谢！"

所谓记叙文六要素，就是时间、地点、人物、事情的起因、经过和结果。读一读下面这个故事，然后说说它的六要素分别是什么。

一个童话作家的诞生

我的朋友程汐子，是一位童话作家。有一年夏天，我去他在柳青河畔的家里做客。煮酒夜话的时候，我拿起他赠送给我的童话集，随口问他是怎么成为作家的。程汐子微微一笑，给我讲起了下面的故事——

小时候，我爸爸是柳河镇文具店的店长。柳河镇文具店你一定还记得，巴掌大的店面，柜台上卖一些笔墨纸砚，靠墙的书架上摆着几十本花花绿绿的小书。我只用了一年的时间，就把书架上的书全看了一遍，觉得意犹未尽，于是缠着爸爸再给我买一些书。

那时候家家都不富裕，很少有人舍得花钱给孩子买课外书，我爸爸也不舍得。但是忽然有一天，爸爸兴冲冲地跑回家，递给了我三本厚厚的书。我还清楚地记得那三本书的样子，纸页泛黄，封面破旧，书名模模糊糊——《长袜子皮皮》《大林和小林》《格林童话》。

我欣喜若狂，从此每天都抱着它们不放，废寝忘食地读起来。我至今仍然记得那种兴奋的感觉，就像忽然闯进了无数神奇的世界，那些生动的故事如同一道道明媚的阳光，在许多暗淡的夜晚照彻了我小小的心房。

但是，意外出现了。读了很久我才发现，那三本书原来都不是完整的：《长袜子皮皮》中间缺少6页；《大林和小林》的结尾被人撕掉了；而《格林童话》共有210篇，我实际上读完的只有198篇，还好，剩下的12篇我通过目录知道了它们的题目……

也难怪，那三本书是我爸爸用一支钢笔跟一个顾客换的。顾客可不是傻瓜，要不是因为缺页，那三本书至少可以换两支钢笔。

那些破碎的故事让我变得垂

头丧气起来，连饭都不想吃了，爸爸只能抱歉地看着我。

一天，爸爸忽然说："汐子，那些童话你都读了吗？"我点点头。爸爸说："那么，你觉得《大林和小林》的结局应该是什么样子的呢？"

我瞪大眼睛看着爸爸："我怎么知道？"爸爸笑眯眯地说："其实童话都是人写的，既然那些童话不完整，你可以自己把它们补充完整嘛……"

我几乎震惊了："我……也可以写？我该怎么写呢？"

从那天起，我开始苦思冥想。过了几天，我终于试着用我的铅笔，把《长袜子皮皮》的前后两部分衔接了起来，给《大林和小林》设计了一个结局，根据《格林童话》目录上剩下的12个题目，编造了12个小故事。

然后，我反复修改，光是《大林和小林》的结尾就写了四个，越写越是趣味盎然。

后来我长大了，有机会读到了完整的《大林和小林》，我发现，其实我写的第三个结尾比原著的结尾更精彩——当然，别人可能不同意，但我有自信。很多年以后，这份自信成了我写童话最重要的基础……

程汐子讲完了。我沉默半晌，说："汐子，这本童话集你真的送给我了？"程汐子笑着点点头。我挑挑眉毛，随手把书的最后几页撕下来，点火烧着了。程汐子大吃一惊："你也太不尊重我了！"我嘻嘻一笑："你别急，我准备把这本没有结尾的书送给我的儿子……"

（毛小懒／文）

这个故事的六要素分别是：

时间：_____

地点：_____

人物：_____

事情的起因：_____

_____

事情的经过：_____

_____

事情的结果：_____

_____

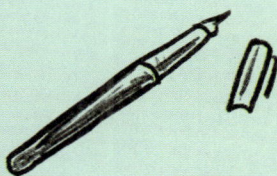

第十五章

左小文的陈词滥调

把事情写具体

在紫竹林里，左小文听柳逐阳讲完记叙文的六要素，一边继续扫鸟粪，一边感慨地说："我的作文一直写不好，肯定是因为笨笨老师教得不够好。"

柳逐阳摇摇头："古人云，君子求诸已，小人求诸人。意思就是，君子遇到困难，首先想到的是自已去解决；小人遇到困难，却总习惯于向别人求助，甚至归咎于别人。"

"柳逐阳，你拐着弯骂人的水平实在是高！"左小文说着，突然面露喜色，蹲下去抓起一块脏东西，举到柳逐阳面前叫道，"哈哈，我捡到一块钱！"

"瞧把你高兴的，不就是一块钱嘛。啧啧，还是沾着鸟粪的一块钱。"

"出门在外捡到钱，说明我今天运气特别好！"

"好吧。不过古人云，君子祸至不惧，福至不喜。意思是，真正的君子在灾祸面前不会感到害怕，在幸福来临的时候也不会喜出望外……"

左小文眼睛一瞪："我虽然做不到福至不喜，但我意志坚定，绝对可以做到祸至不惧，所以我也是一名响当当的君子！"

柳逐阳的脸上露出一丝不易察觉的坏笑："是吗？十分钟前你不是还说，只要想到写作文你就头昏脑涨吗？"

左小文一听，突然像猴子一样跳起来，把扫帚和簸箕丢到柳逐阳面前："柳逐阳，剩下的鸟粪就交给你了！我的灵感来了，必须赶紧开始写作文！"

"拜托，扫鸟粪是咱们两个人的活儿，凭什么让我一个人干？"

"你是全校闻名的君子嘛！"左小文嘿嘿一笑，"古人云，君子贵人而贱己，先人而后己。意思你肯定明白，君子凡事先考虑别人，最后考虑自己。俗话还说，助人为快乐之本嘛！"

"可是……"

"我的写作灵感总是稍纵即逝，如果不把它抓住，它就会像流星一样逃走了。你就辛苦一下吧，拜托拜托！"左小文说着，从怀里摸出作文本，趴在旁边的石头上飞快地写起来。

眨眼间，一篇字迹潦草的作文就出炉了：

记一件有意义的事

今天万里无云，我们在笨笨老师的带领下，去植物园参加义务劳动。

走进植物园的大门，首先映入眼帘的是一座假山。我们在假山前集合，分配劳动任务。我和纪律委员柳逐阳分到一组，负责清扫紫竹林。

来到紫竹林，望着满地的鸟粪，我不禁犯起愁来。柳逐阳走到我面前，语重心长地说："世上无难事，只怕有心人！只要我们鼓足干劲，就一定能扫完所有的鸟粪！"

听完他的话，我立刻浑身充满力量，挥舞着扫帚清理起来。扫着扫着，我觉得腰酸了，腿疼了，腿快要抽筋了。看着一望无际的鸟粪，我不禁打起退堂鼓。

柳逐阳大声说："希望就在眼前，坚持就是胜利！加油吧！"

顿时，我腰不酸了，腿不疼了，腿也不抽筋了，心中再次充满力量。于是，我和柳逐阳一起埋头苦干，终于把紫竹林里的鸟粪都扫完了。

很快，在夕阳的余晖下，我们走出植物园，依依不舍地回家了。

吃晚饭时，我把今天的事讲给妈妈听，妈妈摸着我的头说："儿子，你真的长大了！"

左小文站起来，把一气呵成的作文拿给柳逐阳看："瞧，是不是写得文采飞扬？"

柳逐阳一眼扫过，咧开嘴一笑："你觉得呢？"

"说真的，我觉得我简直就是传说中的文曲星下凡！"

"哈哈，你高兴就好……"

在接下来的时间里，两个人齐心协力，终于把竹林中的鸟粪清扫完了。快天黑的时候，同学们到植物园门口集合，笨笨老师在宣布解散前，再次提醒大家："晚上回去每人写一篇作文，都别忘了！"

走在回家的路上，左小文把那篇作文递给冯歌德，征求他的意见。冯歌德一口气看完，笑着问："左小文，你觉得你的作文可以打几分？"

"打……七十分吧。"左小文谦虚地说。其实在内心深处，他恨不能给自己打一百分。

"七十分？你还蛮有自信的嘛。知道我给你打几分吗？"

"呃，八十分？"

"有自信当然是好事，但盲目的自信往往会坏事。很抱歉，我只能给你打五十分。"

"不及格？"左小文擦擦汗，"可是我明明写得挺好的……"

冯歌德把作文本还给他："我问你，今天下午是晴天还是阴天？"

左小文歪着头一想："好像是阴天吧。"

"既然是阴天，为什么你的作文里却万里无云？甚至还有夕阳的余晖！"冯歌德的脸上挂着一丝嘲笑，"我再问你，听完柳逐阳的话，你腰不酸了，腿不疼了，浑身都充满力量，到底是真的还是假的？"

"应该……是真的吧。"左小文感到有些尴尬。

"真瞧不出来，柳逐阳说的话原来比狗皮膏药还管用啊！"冯歌德揶揄道，"在作文的结尾，妈妈摸着你的头，说你长大了。在我的印象中，你妈妈动不动就在作文里夸奖你，而且每次说的都是同一句话，你就不能让她换一句台词吗？"

左小文耸耸肩："我妈文化水平低，不会说别的。"

冯歌德哼哼鼻子："我记得你写过一篇关于你妈妈的作文，你说她知识渊博，还是名牌大学的毕业生！"

"啊？"左小文吐吐舌头，"是吗？我不记得了。"

"瞧瞧，你的作文里就没有一句实话，从头到尾全是陈词滥调！更奇葩的是，你居然还有未卜先知的本事。你还没到家呢，就已经把你妈夸你的话写出来了，真是高手啊！"

"哎，你就别讽刺我了！我承认我的作文是瞎编的。没办法，我今天脑子里空荡荡的，青芽精灵也不在身边，不能帮我出出主意……"

"你不会写，可以问我嘛！"冯歌德拍着胸脯说，"我早看透了，你最大的问题就是不会把事情写具体。所以，你的作文总是干巴巴的，而且写来写去都是套话。"

"哈哈，看来还是你最懂我！"左小文高兴地搂住冯歌德的脖子，"那你快教教我，到底怎样才能把事情写具体？"

冯歌德清清喉咙，认真地讲起来："按照我的经验，把事情写具体有三个办法。第一个办法是化整为零。简单来说，你可以把一个场面分解成几个部分，或者把人物的行动分解成许多小动作，逐一进行细致描写，最后再把它们按照一定的顺序连接起来。"

左小文歪着脑袋说："听上去有点耳熟，好像青芽精灵给我讲过类似的写作技巧。"

冯歌德从怀里摸出自己的摘记本，翻到其中的一页："喏，给你看一段例文。"

左小文接过来，迫不及待地看起来：

　　那个运动员走到起跑线上，像一只看到猎物的豹子，准备进攻。枪声一响，他像离弦的箭一样猛地冲出去。一开始，他只是匀速跑动着，渐渐地，他开始加速，浑身的肌肉也很快紧绷起来。跑到起跳线的时候，他使出全身的力气，在踏板上一蹬，随即跃到半空中，画出一道漂亮的圆弧，重重地坠入沙坑。顿时，运动场上响

起一阵热烈的欢呼声。

"嗯，写得确实不错！"左小文称赞道。

"第二个办法是扪心自问。比如，你碰到一道难题，就可以问问自己：我碰到的究竟是一道什么样的难题？我准备用什么办法解决它？如果解不出难题，我的心情会是什么样的？我能不能向老师和同学求助？多问自己几个问题，写作的思路也就慢慢打开了。"

左小文一边听，一边若有所思地点着头。

"第三个办法是强化描写。"冯歌德继续往下讲，"咱们学过四种常用的描写手法，分别是外貌描写、语言描写、行动描写和心理描写。在写作文的过程中，尽量把它们都用上。只要你的描写是恰如其分的，就一定能使作文增色不少。"

说完，冯歌德翻到摘记本的最后一页，把他刚写的几段文字指给左小文看：

临走的时候，在植物园里负责环卫工

作的冯阿姨把我们送到门外。她望着我们的背影，一边挥手，一边大声说："同学们，今天辛苦了！谢谢你们！"

我无意中回过头，看着冯阿姨疲惫的样子，忽然觉得有些心酸。作为环卫工人，她不怕脏不怕累，每天都在植物园里辛辛苦苦地工作着，可以说，她手上的老茧和脸上的皱纹就是风吹日晒留给她的印记。与她多年来的辛苦付出相比，我们今天吃的苦实在不值一提。

走出植物园，我同样在心里说：〝阿姨，辛苦了，谢谢您！〞

"我的结尾写得不赖吧？" 冯歌德笑眯眯地问。

"一个字，俗！" 左小文撇撇嘴。

"哼！" 冯歌德一把夺过自己的摘记本，塞进怀里，"我到家了，明天见！" 说完，他就扛着扫帚大踏步走进了路旁的一栋居民楼。

精灵文摘

要把事情写具体，就要打开思路，并充分运用各种描写手法。下面的选文分别运用了哪些描写手法，你能看出来吗？

一天傍晚，当太阳正在美丽晚霞中落下去的时候，一群漂亮的大鸟从灌木林里飞出来。

丑小鸭从来没看到过这么美丽的东西。他们白得发亮，脖颈又长又柔软，这就是天鹅。他们发出一种奇异的叫声，展开美丽的长翅膀，从寒冷的地带飞向温暖的国度，飞向不结冰的湖上去……

啊！他再也忘不了那些美丽的大鸟。当他看不见他们的时候，他就沉入水底；当他再浮到水面上来的时候，却感到非常空虚。他不知道他们的名字，也不知道他们要飞到哪里去，不过他爱他们。他并不嫉妒他们，他怎么能奢望像他们那样美丽呢？只要别的鸭子准许他跟他们生活在一起，他就已经很满足了——可怜的丑东西。（［丹麦］安徒生《丑小鸭》，叶君健译）

祖父看我每咽下去一口，他就点一下头，而且高兴地说：

"这小东西真馋"，或是"这小东西吃得真快"。

我的手满是油，随吃随在大襟上擦着，祖父看了也并不生气，只是说：

"快蘸点盐吧，快蘸点韭菜花吧，空口吃不好，等会儿要反胃的……"

说着就捏几个盐粒放在我手上拿着的鸭子肉上。我一张嘴又进肚去了。

祖父越称赞我能吃，我越吃得多。祖父看看不好了，怕我吃多了。让我停下，我才停下来。我明明白白的是吃不下去了，可是我嘴里还说着：

"一个鸭子还不够呢！"（萧红《呼兰河传》）

……他奇怪地瞪住我："你不知道王悦雅的事？"

我说："不知道，怎么了？我不知道。"

……我永远记得那天的情景：在马路转弯处，雨水不停地倾泻着，行人从我们身边走过又走过，地上满是新落的黄叶，脚下的阴沟里流淌着淙淙的水声。我们站着，老师撑着一把黑伞，我撑着一把红伞，雨水冷冷地打在我脸上，流进我眼里、嘴里……（苏叶《总是难忘》）

邓布利多转身来到街上。他站在街角掏出银制熄灯器，咔嗒弹了一下，只见十二个火球又回到各自的路灯上，女贞路顿时映照出一片橙黄，他看见一只花斑猫悄悄从街那头的拐角溜掉了。他恰好可以看见4号台阶上放着的那个用毯子裹着的小包。

"祝你好运，哈利。"他喃喃地说着，用力跺脚跟一转身，只听斗篷嗖的一声，他已经消失得无影无踪了。（[英] J.K. 罗琳《哈利·波特与魔法石》，苏农译）

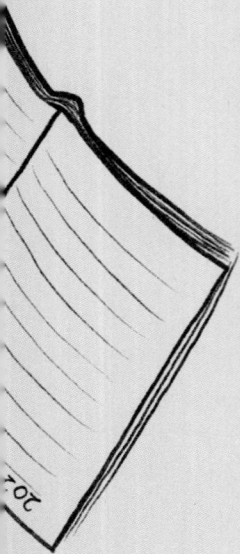

图书在版编目（ＣＩＰ）数据

精灵王的阴谋 ：上、下 / 毛小懋著 ；三羊绘. －－
昆明 ：云南科技出版社，2020.9（2021.6 重印）
（作文精灵）
ISBN 978-7-5587-3014-6

Ⅰ. ①精… Ⅱ. ①毛… ②三… Ⅲ. ①作文课－小学
－教学参考资料 Ⅳ. ①G624.243

中国版本图书馆CIP数据核字(2020)第178966号

作文精灵
ZUOWEN JINGLING

精灵王的阴谋：上、下
JINGLINGWANG DE YINMOU：SHANG、XIA

毛小懋 著 三 羊 绘

出品人：杨旭恒
策　　划：李 非　戴 勇　王丽雅　魏小杉
责任编辑：李凌雁　杨志能
助理编辑：杨梦月
美术编辑：辰 茜
责任校对：张舒园
责任印制：蒋丽芬

书　　号：ISBN 978-7-5587-3014-6
印　　刷：北京宝丰印刷有限公司
开　　本：787mm×1092mm　1/16
印　　张：12.25
字　　数：200千
版　　次：2020年9月第1版
印　　次：2021年6月第2次印刷
定　　价：55.00元（上、下册）

出版发行：云南出版集团公司　云南科技出版社
地　　址：昆明市环城西路609号
电　　话：0871-64190973